积极养育法

十堂课教出乐观自信的孩子

[法]阿涅丝·杜德耶 著 曹杨 译

中信出版集团 · 北京

图书在版编目（CIP）数据

积极养育法：十堂课教出乐观自信的孩子 /（法）阿涅丝 · 杜德耶著；曹杨译. -- 北京：中信出版社，2018.9

ISBN 978-7-5086-9030-8

Ⅰ. ①积… Ⅱ. ①阿… ②曹… Ⅲ. ①家庭教育 Ⅳ. ①G78

中国版本图书馆 CIP 数据核字 (2018) 第 117848 号

积极养育法：十堂课教出乐观自信的孩子

著　　者：[法]阿涅丝 · 杜德耶
译　　者：曹　杨
出版发行：中信出版集团股份有限公司
（北京市朝阳区惠新东街甲 4 号富盛大厦 2 座　邮编 100029）
承 印 者：北京诚信伟业印刷有限公司

开　　本：787mm×1092mm　1/16　　印　　张：13　　字　　数：140 千字
版　　次：2018 年 9 月第 1 版　　印　　次：2018 年 9 月第 1 次印刷
京权图字：01–2018–5249　　广告经营许可证：京朝工商广字第 8087 号
书　　号：ISBN 978–7–5086–9030–8
定　　价：42.00 元

感谢我的孩子们，戴维、热雷米、萨拉、纳唐和约瑟夫。你们是我的阳光，是我活着的理由。你们的爱与愤怒，勇气与幽默，个性与独立思想，支撑起我的生命。

你们是我生活里的奇迹，而你们的孩子，则是我生命中的光与希望。

阿涅丝·杜德耶

序 言

所有的父母都应该读这本书，一部有理有据的良心之作。阿涅丝·杜德耶是五个孩子的母亲，如今，他们都已成年。正是这颗慈母之心促使她努力改进与孩子们相处的方式。她真诚直率的话语令我感动，比如，她谦恭地承认有时会禁止孩子大喊大叫，自己却嚷个不停；承认她不让孩子们争吵，自己却与他们的父亲吵架。哪位家长又不曾处于类似的矛盾中呢？

与此同时，得益于作者在家庭教育培训领域里多年的从业经历，本书的写作也具备坚实的理论和实践基础。她曾在南特创立了“积极工作坊”，让家长们在亲切的氛围中，共同思考生命存在以及日常行为的意义。以积极心理学的研究成果为依据，工作坊也教会家长们沟通和冲突管理的技巧。

多年来，阿涅丝·杜德耶始终在辛勤地耕耘着；她在最好的机构里接受了培训，并最终将所学凝结于这部作品，结成硕果。书中的所有内容都等待您去细细品味，无论是教学领域的研究成果，还是某些家长的切身经历。当然，还必须提到那些简单易行、形式多样的练习，它们让每位读者都得以在个人的价值理念和情感世界里找到更合宜的位置，得以按照自己的节奏进步与发展，继而更深刻地理解孩子的需求，并更清楚地知道该如何满足这些需求。

这部作品，您要么热情满满、一气呵成地读完（就像我一样），要么慢慢品读、让自己每天都受益于一个新的发现。书中的精彩之处比比皆是，以下是我最欣赏的一段内容：和很多家长一样，阿涅丝·杜德耶惊讶地发现，她的孩子们自认为一无是处；于是，她花费很多的时间和精力，为孩子们打造了一个积极的自我认知。她告诉我们，仅仅说句“你画得真好”是不够的，孩子不可能就这样被说服。我们必须解释给孩子听，我们为什么觉得他画得好，这就是阿涅丝口中的“描述性赞扬”。色彩很协调，房子画得很像自家的房子，蝴蝶能让人联想到春天，等等。

书中有很多类似的小细节为我们详细描述和解读了积极养育法。

作者建议家长们学会放手，不要总是试图解决孩子面临的所有问题，更要避免将自己的梦想寄托在孩子的身上，进而干预孩子的未来。简言之，就是时刻支起大耳朵倾听，而不要张开大嘴巴说出所有问题的“正确答案”，更不要伸出大手掌代替孩子做事。

这种教育方法非常有效！比如说，作者就很骄傲地发现，面对一个问题时，自己的孙辈们极少立即回应：他们会首先观察妈妈怎样处理，然后再不紧不慢地自如应对。

积极养育法也是培养孩子公民意识的好方式。比如，对于家庭里经常出现的问题，阿涅丝·杜德耶建议家长和孩子共同订立彼此应该履行的义务和必须遵守的承诺；再比如，可以召开家庭会议，共同商讨需要订立的规则、解决问题的方式，以及亟待建立的仪式等。这样，从四五岁起，孩子就能当上会议主席啦。

最后，读罢这本书，我只有一个遗憾，那就是没能早一点读到它：我的孩子们如今都已长大成人。但我一定会把这本好书作为礼物送给他们！

雅克·勒孔特

心理学博士

法国及法语国家和地区积极心理学协会名誉主席

目录

这本书是儿童积极心理学的实践之作，作者28年教育工作的经验之谈。

它将教你与孩子一起，在家庭饭桌上画出你们的“家庭使命图”，用以指引你们的每日生活，应对这个复杂变化的社会。

养育乐观自信的孩子,从来都不晚,从下一页就开始吧!

引 言

为了让孩子们活出最精彩的自我

我是五个孩子的母亲，很多个孩子的祖母或外祖母。你很可能和我一样，曾无数次问自己“家到底是什么”，曾感受到无尽无休的恐惧，也曾度过许许多多个不眠之夜。

在学校做护理工作时，我曾接触过那些房间杂乱并且拒绝打扫的初中生们。我听见他们说，上学什么意义都没有。这些在酒精和大麻里寻求些许快感、试图忘却很多事的“长不大的人”们，我曾与他们共同生活过。我常常会问自己以下这些令人痛苦却挥之不去的问题：“这到底是怎么了？”“我还能怎么办？”或者更简单些：“我应该做些什么？”

由于被徒劳无益的机械性工作和超负荷的日程安排所淹没，我从前常有负罪感，总觉得自己不是个好妈妈。我需要过女人的生活，需要扮演一个母亲的角色，同时我也向往自由、渴望飞翔，这一切时常让我感到无所适从。对好多东西我都不太理解，也不知道该如何改变现状。当然，我也经历过非常幸福的时刻，想要贪婪地享受生活。于是，我不得不问自己：“这一切的意义到底是什么？”当时的我，需要更好地理解母亲的角色，除了买菜洗衣、辅导孩子功课、追着时间跑、偶尔享受一下孩子们的拥抱（谢天谢地）之外，母亲还意味着什么？**总之，我想知道，什么是“教育孩子”。**

另外，我从本质上不太认同父母传承给我的东西，所以想知道怎样才能“做得不一样”。我意识到，除了那些无休无止的抱怨（“你怎么不穿袜子！”“你数学老是不用功！”）外，我还有其他东西要教给我的孩子们。

我想帮助他们唤醒意识，好让他们在长大后做出对自己的生活负责任的决定。**我隐约觉得，我可以赋予他们获得权利的能力，当然首先他们得对自己有掌控权！我要传承给他们一系列的参照标准作为范例。我要陪伴他们直到他们发现生命的意义。我要激发他们，让他们拥有自由地做出内心真实决定的能力！我要帮助他们独立地制订出自己的人生规划；而在这一过程中，最重要的，不是我要对他们说的话，而是我要呈现给他们怎样的一个我。**

渐渐地，随着思考的不断深入，我产生了学习教育学和心理学知识的想法。我辞去了肿瘤机构护士的工作，转而去一所学校做护士。这样，我就可以利用晚上和周末，还有学校的长假来学习了。我研究了格式塔疗法、非暴力沟通（我的老师是马歇尔·卢森堡本人）和积极心理学（师从雅克·勒孔特和戴维·库柏里德）。我还参加了涉及多个领域的各式培训，结识了很多非常棒的人。

结束学业后，我开了一家心理诊所。来诊所就诊的有儿童、青少年，后来又有了成人。倾听了一段又一段的讲述，我深受触动，为见证了他们那么多的爱而触动，为看到他们彼此间那么深的不解而感怀。很快，我就意识到，为人父母的我们都面临着同样的困境，我们的诉求是基本相似的！教育是一项艰巨的任务，更是一种无尽的挑战。想想看，现在出生的孩子，退休的时间将是2080年！而甚至世界在五年后会变成什么模样，我们都一无所知。那么，该引导孩子向哪种专业和职业努力呢？虽然我们根本就无从回答这个问题，但每个家长都知道，他们的孩子不得不去适应未来的世界。

做出这些思考后，我决定把家长们聚起来，让大家一起努力解决问题。一开始，我分享了法伯和玛兹丽施[1]工作坊的模式，那是一种于20世纪80年代出现在魁北克的家庭教育工作坊。在家庭教育领域，这种模式依然领先于其他方法，但与此同时，很多相关的知识也在迅速发展，特别是在神经科学和积极心理学领域。

于是，我把多年学习和工作所得汇总到一起，创立了积极工作坊。**我确信，教育的关键，在于传承一条“内在的线”。教育孩子，首先要思考自己生活的意义，思考我们想给予孩子什么（价值观、对自我的认知等等）。思考过后，我们再学习一些教育方法，并运用它们构筑起和谐欢乐的家庭，收获幸福。**

积极工作坊的有益之处在于，以神经科学和积极心理学的研究成果为基础，教会家长沟通的技巧和管理冲突的技巧。在工作坊里，家长们总是在相互倾听与“滋养”、互相支持和帮助。更可贵的是，他们会在一种亲切的氛围中（而且往往是夫妻二人一同参加），对最本质的问题展开思考，思考自己作为父母所扮演的角色。就这样，在许多天的工作坊里，我们围绕着这些重要且多样的主题展开：家庭的角色、主导价值理念的定义和传承、自身所受教育所得中应该传承和不该传承的部分、自信的建立、赞扬和感恩、积极权威和积极纪律、兄弟姐妹间的争吵等等。

这本书之所以丰富，正是因为它汲取了上述所有的经历与经验。**它的“野心”在于，让你掌握一种教育流程，把孩子教育得更加独立、自信、富于创造力、具有责任感。他们将学会自己解决问题，懂得发挥主观能动性，看清什么是自己真正最想要的。总之，一句话，你将帮助他们活出最精彩的自我！**

---

1. 法伯和玛兹丽施：国际著名亲子专家，著有《如何说孩子才会听，如何听孩子才肯说》等畅销书籍。他们的工作坊把想要进行更好的亲子沟通的父母们聚在一起，带领父母们交流探索和练习，效果良好。——译者注

第一堂课

赋予家庭特别的意义

用主导价值观引领家庭生活

“这有什么用！”

“好无聊……”

“我才不在乎！”

不知道有多少个像我们一样的家长，曾经从或懒懒散散或叛逆倔强的青少年口中听到过这样的句子。面对这种反应，我们有种深深的无力感；因为这些话语体现了孩子们的内心何等空虚、何等缺乏价值感，**这些正是我们这个消费社会的显著特征——一个过分地追求瞬时快乐的社会，一个绝望地寻求“当下”幸福的社会！**

怎样解释这种现象？它反映了什么问题？

是的，教育子女变得越来越复杂了！

在教育孩子方面，我们的祖先不需要什么教育指南，更不会想到我们有一天竟会发明什么“家庭教育工作坊”！对他们而言，道德观念是超越世代的准则，可以对所有组织机构起到规范作用，比如说学校（小时候，早上一到班里，就要上节“思想教育课”，我到现在都记得清清楚楚）。后来，我们纷纷挺身而出，粉碎了这些条条框框，因为，无论是否合理，我们都认为它们过于模式化、过于束缚和专制，扼杀自由。

我与许多同时代的人一样，曾目睹父亲绝对权威的坍塌和家庭庇护所的倾覆。经济危机、全球化、科技进步、人类精神状态的发展变化都在质疑这一传统模式。我们中的很多人都因为在地理概念上远离父母而失掉了自己的根，不得不因此而面对某种分离。同时，寿命的延长让那些远离儿孙的祖父母们（我就是其中一员）依然奋斗在工作岗位上。这样一来，祖父母们也就难以有足够的时间和精力去践行家族理念的传承，而他们正是这些理念的记忆者和守护人。另外，还值得注意的是，离婚率和单亲家庭的数量正在飞速增长。

根据我的个人经历和职业经验，我甚至可以说，每天我都会见证一种本质坐标的缺失。这体现在，曾经构建我们家庭、超越我们自身的一切价值理念，不再像从前一样，在我们诞生前就预先存在了：日复一日、年复一年，曾经每个家族的所有成员都要无休止地共同解读与再解读这些价值理念。正如安德烈·孔特-斯蓬维尔在《资本主义是否道德？》中所写的那样：我们有多么不需要宗教，就有多么需要道德。的确，我们有种难以抗拒的需求，那就是用道德准则来替代宗教信条，指引我们做出这样或那样的选择。

在《我们活着的理由——生命意义学派》一书中，维克多·弗兰克尔（德国精神分析学家）曾展开论述过这一观点：**传统和普世价值观的衰退，造就了存在性虚无，而它正是当今教育所面临的核心挑战。他认为，每个人都必须找到自己存在的意义。**弗兰克尔曾援引另一位哲学家威廉·欧文·汤普森的话，写道："人类不是桌椅一样的物件；他们是活着的，当他们发现自己的生命卑微到犹如一排简单的桌椅时，则会选择自杀。"

是的，我们的孩子需要那些价值理念，那些让人类得以生存与发展的价值理念！他们需要找到一种超越自我的意义所在，他们的生活需要梦想。他们需要告诉自己，他们将会改变这个世界，而且他们完全具备这样的能力！在全世界收获了 2300 多万欧元票房的影片《触不可及》[1] 恰恰向我们证明了善良、互助和团结可以发动起所有的人。我们的价值理念将我们凝聚在一起，赋予生活以意义，并为我们指出应该追随的方向（或是不该追随的方向）：当我们怀有这种意识时，就会在这些价值理念的指引下做出选择，采取行动。

在我的藏书中，还有一本，虽篇幅短小却令人受益匪浅：《最后一封信——被枪杀的法国抵抗运动成员语录（1941 – 1944 年）》。书中收录了二战期间被判死刑的抵抗运动成员在生命的终点留下的文字，字字感动人心，句句照亮灵魂。其中的每个人都在谈论自己的价值理念：自由、博爱、对家人及祖国的爱。每个人都找到了各自生命的意义，每个人都无悔于自己的选择和承诺：

谢谢……你们知道，我的生活很幸福，而且无怨无悔……还有，我是为自己的信仰而死。

——弗朗斯 · 布洛克 – 塞拉赞

爸爸，我求你，请求你，如果我死了，请将它看作一件于我有益的事情。对我来说，还有比这更荣耀的死亡吗？我心甘情愿地为我的祖国而死……

永别了，死亡在呼唤我，我既不想被蒙上双眼，也不愿被绳索捆缚。

——亨利 · 费尔戴（16 岁）

1. 《触不可及》：2011 年的法国电影，改编自真实剧情。在一次跳伞活动事故后，富有贵族菲利普下肢瘫痪，无法自理，因此他找了黑人青年德瑞斯来家里帮佣。这是一位郊区年轻人，刚从监狱出来。两个世界相互碰撞、融合，于是一段不可思议的、奇妙的友情诞生了。

完成使命，令我愉悦……竭尽全力地造福身边之人，令我感到的，是无边的快乐。

——让·德·内曼

为价值理念排序，培养孩子的责任感

在抚养教育了五个孩子后，在积极工作坊陪伴了诸多家长以及他们的子女后，我认为，如今的我们，需要认清自己珍视的价值理念，并将它们分享给我们的孩子们。只有如此，他们才能通过我们的教育，树立坚定的道德意识，继而产生安全感，拥有毅力和决心。

在你需要做出选择时，主导价值理念是帮你指引方向的指南针

一年前，我列出了自己看重的价值理念，并按重视程度进行了排序。现在，这种做法使我的生活简单了太多太多。当我需要做出某个决定时，便会拿出这张单子——再也不必像从前一样犹豫摇摆了！我的选择很清晰：我知道自己想要什么、不想要什么。我的决定变得更加直率与坦诚，在接下来的日子里，我也不再后悔。

——桑德拉

要知道，**价值理念是无法凭空教授的，它们只能通过生活去经历和总结。**另外，教育孩子也必须采用一种和谐一致的方式。所谓一致性，是指大脑、内心和身体的同向性（大脑是我们价值理念和思想的所在地，内心是我们的感知和情感的所在地，而身体则将一切都付诸行动）。**因此，作为家长，我所做的必须和我的所言所思一致，我所说的也必须和我的行为一致，不能有悖于自己的价值理念。**用这种方式，我让我的孩子们建立起责任感：他们通过见证我的言行去学习，而非只是听取我的泛泛空谈！

练 习

如果成员间未能就一系列共同的主导价值观达成一致，那么，无论什么社群都无法存在下去。当然，这一原则也同样适用于一对夫妻和一个家庭！不过，在共同认可的价值理念的排序方面，夫妻间可以有所不同。比如，我和我丈夫共同看重的是爱、尊重和成长。接下来，友情对他来说至关重要，而我却在友情前面排上了灵性。至少，我们在大原则上是一致的：我很看重友情，他也很看重灵性。

我认为，列出一张核心价值理念表，对每个人来说都至关重要。你可以在下面的页面上完成这张列表，如果你愿意，还可以参考我为你准备的价值理念清单。

对我来说，最有价值的是：

然后是：

排在第三位的是：

第四个是：

第五个是：

供你参考的价值理念清单：

- 家庭 / 友情 / 爱情 / 忠诚
- 坦诚 / 诚实
- 勇气 / 荣誉
- 健康 / 美丽
- 学识 / 自我进步 / 卓越
- 生态 / 环境
- 自主 / 责任感 / 工作 / 纪律性
- 安全
- 快乐 / 幸福 / 自豪 / 自由
- 权威 / 服从
- 金钱 / 权力 / 物质 / 社会地位
- 遗产 / 宗教
- 社会责任 / 公平正义 / 尊重
- 语言 / 文学 / 文化

家庭，快乐之源抑或意义之源？

家庭生活真像人们所说的那样幸福与美满吗？不见得！一项由阿盖尔在 1999 年开展的研究显示：夫妻生活的开始阶段往往是幸福的。一般来说，这种幸福感会在第一个孩子出生后有所削减，并在孩子上小学后重新出现，接着幸福感会再次减弱，并在孩子的青春期跌入谷底。最后，当孩子成年离家后，夫妻间的幸福感将回到初始水平。许多父母会在这个时期经历“第二春”，就像《吾儿唐吉》[1] 那部电影里的萨比娜·阿泽玛和安德烈·杜索里埃一样。

这项研究揭示了家长们的种种复杂情绪和矛盾心情。因此，**你们的质疑、焦虑还有沮丧与气馁，统统都是正当合理的！**

1. 《吾儿唐吉》：法国喜剧电影。从长相到个性能力，28 岁的唐吉都是众人羡慕的对象，但他其实是个从未离开父母独立生活的“乖宝宝”，他对于家庭的依赖不知不觉成了父母的负担，为了促使他独立，父母想了种种办法，发生了许多让人啼笑皆非的故事。

2004年，另一项调查研究将重心放在了美国得克萨斯州900个母亲的时间分配上。卡尼曼和他的合作者们让这些年轻女性认真感受自己在一天中所做的每件事，并指出从事这些事情时内心的快乐程度（幸福、热情、愉悦）和不快程度（沮丧、悲伤、气愤、焦虑），再通过一张分值为1到6的评分表为每种情绪打出分数。下表为快乐情绪的相关评分结果：

当然，这些结果不过是通过询问一组调查对象而获得的平均值，你的答案可能与此截然不同。然而，其他的调查研究也得出了类似的结论（比如迪特利亚、麦卡洛克和奥斯瓦尔德于2003年所做的调研）。总的来说，与照顾孩子相比，我们似乎能在洗碗或购物时感受到更多的快乐！

活　动	感受到的快乐（分值1到6）
做爱	4.70
见朋友	4.20
放松	3.91
运动	3.81
祈祷或冥想	3.76
吃饭	3.75
看电视	3.61
午睡	3.27
准备三餐	3.24
购物	3.21
打电话	3.10
电脑／网络／收发邮件	3.01
家务活	2.96
照顾孩子	2.91
上班	2.65

实际上，我们的“熊孩子”很难时时刻刻都给我们带来快乐。带孩子往往会占用我们做其他事的时间，而那些事情恰恰是制造幸福的重要途径，比如外出会朋友、读一本好书、全情投入地做爱等。事实上，我们深爱着自己的孩子。只要一有机会，我们就会谈起他们，只要看到他们玩耍或者听见他们唱歌，我们的心就会融化。那么，我们该如何面对并接受这种矛盾呢？

首先要明确一点，我们真正记住的，往往是生活里情感最热烈的时刻，而不是每天重复完成的日常事务。同样地，当我们想起孩子时，常常会忆起他们最为感动我们的瞬间（第一次开口说话、对爸爸妈妈表达爱、拥抱），并有意识地掩藏他们带来的恐惧和我们的指责（“别碰这个！”“快去写作业！”“别再烦你妹妹了！”）。

接下来，再谈一条最众所周知的思路：研究表明，我们付出的努力越多，得到的东西越好！巴塞罗那庞培法布拉大学心理学博士、研究员和教授若地·瓜德巴兹在《幸福常青藤》[1]一书中如是写道：“鉴于我们付出的巨大代价（从为孩子换尿布，到孩子青春期伊始闯下的祸），我们会认为孩子带给我们的幸福值得我们如此付出，这样一来，我们的投入也就被合理化了。”

几千年来，哲学家们始终认为，幸福构筑在两种互为补充的理论上：

· 享乐主义：主张寻求当下的快乐；

· 幸福主义：主张寻求生活的意义。

1.《幸福常青藤》：汇集了世界最新的关于幸福的研究成果，通过100个心理学小实验，诠释了幸福的因和果。

如今，**科学家们已向我们证实，家庭生活属于后者：它给予我们存在的意义，却无法时刻赋予我们即时的快乐！**

练习

那些所谓“负面”的情绪在我们对环境的适应和我们的生存中扮演着极其重要的角色。自从有了黑夜，我们就在恐惧的推动下本能地隐藏自我，而愤怒则让我们具有了攻击性。多年来，心理学始终致力于研究这些令人不快的情绪，以便了解它们进而帮助我们战胜它们（有时会通过药物治疗的方式）。

今天的积极心理学高度关注情绪对我们行为的影响。这一学科做出了如下假设：**既然很难同时感受到正面情绪和负面情绪，我们可以通过有意识地体味正面情绪来抵制负面情绪对我们的持续影响。**芭芭拉·弗雷德里克森（北卡罗来纳大学教堂山分校研究员）曾在《积极情绪的力量》一书中向我们证明，积极的情绪可以帮助我们：

- 战胜困难，让我们更快地从一个负面事件中走出来；
- 建立重要的、可持续的体力资源、智力资源、社会资源和心理资源；
- 改善情绪状态；
- 发散注意力，拓宽思路，让我们更具创造力，对他人更为开放（我们会拿出更多的时间休闲娱乐，变得更加灵活与随和）。

为了放大我们的积极情绪并从中获益，你可以尝试做做以下练习：

- 回忆起三个与孩子共度的幸福时刻。在下面的空白处详细描述整个经过，就像你在给别人讲故事一样，完全不用考虑遣词造句！

- 努力重现当时感受到的所有正面情绪，以及你当时的所言所行（如果有必要，可以参考后面的情绪列表）。找出支撑每个时刻的价值理念，以及这些时刻对你而言具有怎样的意义。

- 列举其他与孩子共度的快乐瞬间。接下来，尽量做到每天都和孩子共度一段美好时光！

你可以借鉴的正面情绪列表：

- 专心
- 挚爱
- 自在
- 轻松
- 愉快
- 友好
- 喜欢
- 喜悦
- 生机勃勃
- 充满活力
- 认真
- 幸福
- 兴高采烈
- 冒险
- 心满意足
- 好心情
- 心醉神迷
- 专注
- 陶醉
- 十分满意
- 同情
- 全神贯注
- 感同身受
- 自信
- 自得
- 一往无前
- 好奇
- 惬意
- 放松
- 着迷
- 兴奋
- 愉悦
- 赞赏
- 感动
- 欢欣鼓舞
- 充满力量
- 满怀热情
- 欢快
- 热切
- 精力充沛
- 喜气洋洋
- 机灵
- 狂热
- 激动
- 感情外露
- 充满期望
- 热情洋溢
- 神魂颠倒
- 自豪
- 狂喜
- 开心
- 深受激励
- 果敢
- 充满感激
- 沉醉
- 和谐
- 惬意
- 心情愉悦
- 调皮
- 参与其中

- 无忧无虑
- 获得灵感
- 感兴趣
- 高兴
- 自由
- 欢腾
- 乐观
- 安详
- 平和
- 容光焕发
- 快乐
- 乐于助人
- 亲近
- 光彩照人
- 平静下来
- 恢复活力
- 振奋
- 冷静下来
- 放心
- 非常高兴
- 恢复精力
- 神采奕奕
- 鼓舞人心
- 感恩
- 欢欣
- 满怀希望
- 精神振奋
- 满足
- 安全感
- 关切
- 从容
- 宽慰
- 激励人心
- 柔情满满
- 感动
- 安静
- 乐不可支
- 充满活力
- 生龙活虎
- 注满活力

教育，一种言传身教的承诺

“您是什么”这件事，如此响亮地回响在我的耳畔，以至于我听不到您在说些什么。

——拉尔夫·沃尔多·爱默生

今天，我们可以找到很多帮助父母教育孩子的方法，其中绝大部分都建立在语言沟通的基础上（当我的孩子做这件事或那件事时，我可以说哪些话）。然而，**在这种沟通中，言语的内容起不到多大的作用（大约只有10%）；真正重要的，是你表达的方式，尤其是你的身体力行！**

加拿大尼皮辛地区的女医生琼·帕尼曾为我们讲述过北美印第安人的青少年成人礼。在成人仪式上，年轻人们走进一座“蒸汗棚屋”，那里聚集着族群的所有长者。孩子们轮流向长者们介绍自己，长者则分别向他们传承一种知识、一种才艺或者一种特殊的能力。

今天，这种成人礼已经不复存在了。一般来说，如今教育孩子的只有父母双亲（甚至可能是双亲中的一个人），在国民教育方面，父母对硬知识和软技能的传承所起到的作用至关重要。**通过将自己最好的一面展示给孩子，家长们既能为孩子带来幸福，也能让自我的存在获得意义。因此，对我来说，为人父母的意义之一就是传承。**

练习

孩子们用自己的直率天真，给予我们日复一日完善自我的机会。回想我的人生历程，我的孩子们曾让我意识到，我常常要求他们做些我自己并没做到的事。

比如，我会一边大声吵嚷，一边要求孩子们不许大喊大叫；或者，我明明在和他们的父亲吵嘴，却告诉他们不要吵架；再比如，虽然我自己很难集中注意力专心读书，却要求他们认认真真、全神贯注；还有，我自己都做不到缩短晚上活动的时间按时睡觉，却让孩子们早早地上床，睡上好长时间……

同样地，你也可以看看自身言行有没有存在矛盾。首先，列一个单子，把你经常埋怨孩子的事情都写上去。接下来，心平气和、简简单单、尽量客观地判断一下，自己在这些方面是不是无可指摘的。如果答案是肯定的，想必你一定付出了巨大努力！

关注生命的重中之重！

在过去的许多年里，我都陪伴着生命垂危的人们。这是我人生最重要的阶段之一，也是日复一日给予我能量的土壤。

在我的手心里，仍然残留着那些人的指纹；他们在临终时，将他们认为最重要的事情传递给我："孩子，不要犯我犯过的那些错误。享受生命吧！生命里有些事情很重要，也有一些事，让我们付出了很多的时间，结果却不过是白忙一场。"我陪伴过的人，大部分都心存悔意，后悔没有专注于生命中最本真的部分。他们总是在和我说着同样的话："我把太多的时间都用在工作上了。""我没能对我爱的人说出我到底有多爱他。”“我没给自己机会去做真实的自己。”……

我们往往在失去时，才会意识到一件事或一个人的珍贵。因此，找到自己的遗憾所在，认清什么是生命中最本真的部分，就显得至关重要了。如此，我们便可以在还来得及的时候重新思考生命，以免辜负当下的大好时光。

在《心灵鸡汤》一书中，杰克·坎菲尔德和马克·维克托·汉森讲述了这样一个故事，提醒我们什么才是生命里的重中之重：

“我的近邻戴维有两个孩子，一个五岁，一个七岁。一天，他教大儿子怎么用除草机，没想到儿子直接把机器推向草坪边缘的花丛——推出了一条60厘米宽的秃路！看到这一情景，戴维再也没法保持冷静。他花费了那么多的时间和精力，才栽种出了这片让邻居们眼红的花丛。就在他准备提高嗓门时，妻子把手放在他的肩上说：‘戴维，请你别忘了，我们养的是孩子，不是花！’”

重中之重和细枝末节

他是在去年冬天走的。每当他谈论起政治时，我都气不打一处来，我也不喜欢他的那件破外套。我一直都忙得要死，所以每次去看他时，都只留下一个拥抱和一句问候，随后转身就走。然而，今天我愿意付出所有，只要能再次看到他走向地下酒窖为我们找瓶好酒的高兴样子，只要能再次闻到他嘴里的、身上的烟草气味——他在饭后稳坐在扶手椅上抽烟斗时留下的气味。

——埃莱娜

这个星期，我发现了一件不可思议的事，我的晚间时光因此而变得舒适了许多：“我发现，让孩子穿袜子这件事的确重要，但并不是什么必不可少的重中之重！”

——法妮

慢下来，享受你最珍视的生活

为了“管理”生活，我们实在付出了太多的时间，心急火燎地忙这忙那：接电话、准备三餐、参加家长会、会见朋友、带孩子参加各种活动、陪孩子背课文……更别提我们自己的工作了！我们还强迫自己坚持运动，因为这十分必要；为了打造迷人外表，又不得不常去光顾理发店。比较好的情况，就是我们“奖励”了自己一套瑜伽课或者身心放松课。天哪！

在这种情况下，如果想“掌控”生活，就要问自己：“什么对我来说是最重要的？如果我选择了这件最重要的事，我的生活会受到怎样的影响？”这就好比我们选择一块小石头，把它扔进湖水中，观察那一道道一直蔓延到湖岸的波纹一样。

在《高效能人士的七个习惯》一书中，史蒂芬·柯维（克林顿总统的前顾问）讲述了这样一桩逸事：

一位父亲正准备带孩子们去看马戏，他其实很久前就答应孩子们这件事了。就在他们走出家门时，电话响了——公司让他去加班，但他拒绝了。当他的妻子表示他应该去上班时，他回答说：‘工作没有结束的那一天，可童年早晚会结束。’在整个人生中，他的孩子们都清楚地记得父亲的态度和做法。那晚发生的事，对他们而言，不是一堂人生课，而是爱的见证。

明确什么对我们而言是最为重要的，同时也是在思考我们想在人生路上留下怎样的意义：我们想把什么传承给孩子们，我们想让孩子们在我们离世后如何谈论我们？

在《直视骄阳——征服死亡恐惧》（2011年）[1]一书中，美国作家欧文·亚隆提及了涟漪效应的概念："涟漪效应可以减轻'非永久性'带给我们的痛苦，它告诉我们，不论我们是否有所感知，我们每个人身上都有着某种永恒存在的东西。"正是出于这一理念，人们在耶路撒冷建造了犹太儿童大屠杀纪念馆，用来纪念那些在二战中遭受屠杀的犹太人。只要有人提起了我们的名字，我们身上的某种东西就会永久地存在下去。

随着时光流转而富含深意的仪式

为了关注最本真的东西且时时刻刻以它为重，为了生活中的遗憾可以少之又少（因为我们敢于选择做自己），为了把我们希望留给孩子的东西传承下去，积极心理学提倡仪式感。比如，当我们教孩子们在睡前刷牙时，就是在不自觉地建立仪式。起初，这一行为需要一定的恒心和毅力，久而久之，突然有一天，它就会变成一种仪式，自然、流畅的仪式——我想，对你来说，刷牙肯定不是什么费劲的事吧！

在法国北方，每逢圣诞节，人们都会做一种特殊的面包，形状就像

1.《直面骄阳——征服死亡恐惧》：本书来自作者直面死亡的经历——如同直视骄阳一样，极为痛苦和困难。作者对内心的死亡恐惧进行自我表露和深刻解剖。

长着两个脑袋的小人儿。我小时候，妈妈总会在12月24日的晚上捏出我们的小面人儿，并把它烤成面包。直到现在，我还记得它独特的味道：在圣诞大餐前的几个小时里，那种味道布满了整个房子，对我而言，那就是“圣诞节的味道”——当然还得加上圣诞树的味道。身为人母后，我会定期重温这一仪式，虽然没法保证每个圣诞节都做到（比如被邀请去别人家吃圣诞餐了）。这里必须指出，我做小人儿面包时，并没认为非做不可，也没把它看成是一种需要传承给孩子们的重要之举。然而，这一习惯却让我的孩子们至今仍然挂在嘴边——儿女们常说：“我记得……”孙辈们则说：“这是只有奶奶（姥姥）才会做的点心！”

同样地，我们的很多仪式都可以传承给下一代或者下下一代。这样，有一天他们会说：“妈妈是这样给我们做早饭的……”“奶奶常说……”“我记得爸爸是这样搂着妈妈的腰的……”“我的爷爷是个忠诚而慷慨的人，他曾经做过……”如此种种。

两人的仪式或整个家庭的仪式

我特别喜欢跑步，但以前总是有一大堆事情等着我去做。比如，一大摞衣服要烫，得给孩子们做他们最爱吃的蛋糕等。直到有一天，我和我最要好的朋友决定每周一起跑步两次。从此，每周一和周四，我们都在同一个时间集合。除非有极特殊的情况，否则我们都会如约相见。我们知道有另一个人在等自己，出于对对方的尊重，我们谁都没有失约过！就这样，多年来，我们一直奔跑在美丽的卢瓦尔河畔，这是我生活中最大的乐趣之一。

——卡洛琳娜

我们建立的仪式可以非常简单。比如，在我家，每周四晚上，都有一场家庭开胃酒会。这就好比是场预热周末的冷餐会！从周四一大早，我们就开始讨论它了。时间一到，一种兴奋之情便涌上心头：每个人都在期待这场聚会！

——马克

在我最喜欢的几个仪式中，有一个是我和丈夫一起建立的。每年的结婚纪念日，我的丈夫都会带我过一个休息三天的大周末，给我一份大惊喜！我们会把孩子们交给别人照看，孩子们离开时总会说："爸爸妈妈要庆祝他们的节日啦！"

——葛艾拉

练习

我的孩子们一个接一个地飞出了"鸟巢"，直到最小的儿子也开始独立生活，家里就变得空荡荡的了。这让我意识到了之前由于太忙而全然不觉的不少遗憾。如果你不想重蹈我的覆辙，你可以通过做下面这个练习，从现在起就想想自己有哪些遗憾吧！

- 拿出一张白纸，分成左右两部分。在左侧写出你所有的遗憾（我知道这很痛苦，但仍鼓励你努力完成这件事）。

孩子晚上回来后，你没时间陪伴他们、倾听他们？还没有陪最小的儿子看过一场完整的足球赛？

还从未带孩子们参观过一个你喜欢的，或者是你想和他们一起探索的城市和地方？

还没有举办过一场表亲聚会，让孩子们在欢乐的氛围中好好认识认识大家庭的成员们，而不是非要等到下一场葬礼才给他们见面的机会？

这些，是不是都会让你感到遗憾？

- 在纸的右侧，对照左侧的每种遗憾，用肯定的句式写出你以后打算怎么做（比如“我要这样或那样做”，而不是“停止这样做”或“不再那样做”）。

- 以这张单子和第一个练习里列出的价值理念表为基础，和家里的每个人都建立起一个或多个仪式。跟大家好好谈谈这件事，努力让每个家庭成员都高度重视起这些习惯。下面这些做法可以供你参考：

a. 如果你为自己晚上没时间陪孩子而懊悔，那就叫个外卖，和孩子共度一个美好的夜晚；可以一周一次，只要你和孩子各自的时间都安排得开（如：周二是比萨之夜）。这样一个夜晚，对每个人来说都将是温存、暖心、丰富并充满爱与欢乐的！

b. 如果你的价值理念里有学习这一项（或你对建筑、历史、音乐、大自然等充满热情），那么，你可以定期安排一场参观、一次漫步、一场音乐会、一部电影（比如每个月的第一个周六）。这样，你就可以和孩子们一同分享你的热情了。

c. 你的大女儿喜欢购物？那就定期陪她去逛街，把购物的两个小时仪式化。

d. 你家老二喜欢吃？那就定期带他去他最喜欢的店吃下午茶，要保证只有你和他两个人（比如每个月的第三个周三）。

e. 你的小儿子喜欢疯玩儿？那就定期陪他骑行出游，不要带他的哥哥和姐姐们。

我的遗憾	我的决定

第一堂课
赋予家庭特别的意义

本章小结

家庭生活最能给予我们存在的意义——它对于每个人来说如此重要！

当然，家庭生活无法时刻赋予我们即时的快乐。

所以，作为父母需要：

认清自己珍视的价值理念，并且言行一致，让孩子得以学习，继而产生安全感，拥有毅力和决心。

同时，要建立家庭中的仪式感，让存在的意义和快乐的时刻更加熠熠生辉。

▶▶ 特别练习

1. 列出个人和家庭价值清单并确认前五排序。

2. 让积极情绪拥抱你，做三个亲子幸福时光的回忆。

3. 反思你是不是要求孩子做了你自己都做不到的事情，并把它记下来。

4. 列出你的亲子遗憾，并做出改善方案。

5. 把遗憾表与价值排序表对照，制订你的一个或几个家庭仪式感计划并实施。

第二堂课

美好家庭的四大支柱——爱、善待、同理心、信任

真的爱，是爱孩子本真的模样

我的大儿子结婚时，我曾给他写下这样的话："在我的臂弯里，至今还留存着你婴儿时的印记与气息……"在所有的普世价值中，爱也许是最为具象的：由种种关系编织出一个家庭，爱正是在这些关系中体现出了自身的意义。

然而，爱自己的孩子，并非仅仅要向他表达这种情感。爱自己的孩子，还要让他知道，在我眼里，他是个独一无二的、独立自主的个体，他有别于我，而他的独特之处，也让我变得更完整、更成熟、更美好。

爱自己的孩子，不是想方设法让他变成我想让他变成的样子，或是让他做我想让他做的事，这不过是在将他塑造成一个让我得意的形象罢了。很多时候，家长们都期望在孩子身上能折射出"好爸爸""好妈妈"的形象，以弥补我们缺乏的自信与自尊。在《为生活找到意义的无尽欲望》一书中，深受大家喜爱的纽约犹太教教士哈罗德·库什纳曾这样写道："如果你爱一个人，是因为他总是在试图取悦你，因为他只做你希望他做的事，那么，这就不是爱。你只是在用一种迂回的方式来取悦自己。"

当我们将自己没能实现的梦想寄托在孩子身上时……

我爸爸一直想让我哥哥在军队里当歼击机的飞行员，因为他自己没能做到。

——让

有时，我们会倾向于把孩子幻想成我们自身成功的复制品。就好像看到他们像我们一样思考、行动或讲话，就能将我们的身份“有效化”，并同时让我们获得安全感似的。相反，如果孩子在学校里不够优秀，如果他们不像我们所期望的那样有礼貌，如果他们没按照我们的意愿穿衣打扮，我们就会把孩子的态度理解成对我们的无礼冒犯，认为他们的行为会对我们想要展现给他人的自身形象和家庭形象造成威胁。

无条件的爱

无条件地爱孩子，是接受孩子本真的模样，是不计任何回报。

用爱包裹愤怒

这个星期，我经历了一段很充实的时光：我切身体会到了什么是“同理心”，什么是“爱”。三岁的小儿子对我大发脾气，因为我没做他要我做的事。我没有逃避：我接受了他的愤怒、用爱包裹起这份愤怒，并回以他全心的喜悦。他的愤怒就这样消失了。

——桑德丽娜

练习

- 合上这本书，闭上双眼。回想与某个家庭成员交流时用过的一个词或者一句话。简单描述一下当时的情况。

- 重新回到当时的场景，在心里默默地向那个家庭成员传递一条爱的讯息。用美丽的光包裹起他（她），温柔地与他（她）交谈，告诉他（她）你有多爱他（她）。这就好比一个语言拥抱，它可以让你回到最本真的状态。

怎样做到始终善待孩子？

出于本能，每个家长都会善待孩子。这一点，只要观察一匹母马就再清楚不过了：母马会望着在草地上嬉戏的小马，温柔地注视着它的一举一动，任凭它喷吐鼻息、追着蝴蝶跑。母马知道，小马需要熟悉周围的环境，需要经历一些小事故：它可能会因为转弯转得太急，摔倒或擦伤膝盖，或者会因为撞到别的马而被踢上一脚……

对于我们家长来说，最难做到的，是当我们被孩子激怒、惹恼或者闹得身心疲惫时，或是当孩子犯规、越界时，一如既往地善待他们。

善待孩子之所以重要，是因为在教育层面上，惩戒、控制或侮辱孩子，是绝对不可取的。要善待孩子，就要学会宽容，学会接受孩子本真的模样和他成长的道路。

要做到善待孩子，首先得善待自己，接受自己的失败和不完美。用这份善意的爱看待自己，我们便可以说："我已经尽力了，这样很好。"只有做到这一点，我们才能陪伴孩子一起面对他们的失败与不完美。

练习

- 你善待自己了吗？为了回答这个问题，先回想一些你对自己生气的时刻，还有那些让你产生负罪感、看低自己、觉得自己无足轻重甚至丢人现眼的情况。接下来，问问自己："好吧，我的做法确实无法令人满意，但在当时的情境下，我是否还能做得更好？"事后冷静地回想、思考，往往更容易发掘出其他的处理方式。

- 回想这样一种时刻：你的孩子越了界，你因为他的行为而感到难堪甚至羞愧。同样地，把事件的要素重新放回到当时的情境，综合考虑所有的利害关系和在场的每个人物，你能否判断出孩子是否已经尽量做到最好了？

同理心，让孩子自我感觉达到最好的魔法

你一定见过“同理心”这个词，也很有可能知道它是什么意思。也许，你已经准备好跳过这一章节，因为你觉得这是一个你完全了解的话题，认为自己即使认真阅读也不会学到什么新东西。然而……

我确信，你一定在不久前和某个人交谈时，感受到了沮丧失望、不被理解。交谈结束后，你对自己说：“他根本就没认真听我说话。他讲出的理由完全和我说的内容不搭边。”

因为这种交流是“从头脑到头脑”“以依据对依据”的。我们在倾听时，其实早已想好了要怎样回应，而且还会在心里默默组织好语言，免得遗漏掉什么。我们被情感操控着、裹挟着，完全忘记了交流的目的：理解对方的状态。我们自以为什么都知道了，所以一味地想着直奔主题，尽快解决问题。

走进对方的家里

现在，设想你刚刚和一个朋友看完一场电影。走出影院时，他对你说：“这电影我一点儿都不喜欢！全是感人的镜头，太催泪了。”你将会怎样回答他？你或者肯定他的说法（“是啊，真不怎么样！”），或者表达出不同的意见（“是吗？我倒觉得蛮精彩的！”）。实际上，你是从自己的感受和判断标准出发，评估对方对你说的话。

当然，这个例子里的对话无关痛痒。但如果我们把同样的逻辑应用到一段具有冲突性的讨论中，或者当对方正在表达一种非常强烈而且意味深长的情感时，他就会觉得，我们根本没有换位思考，只是在评判、

解释和解决，却完完全全没有试图去理解他！

倾听，是放弃自己原有的信条，进入对方的世界，甚至可能让你陷入一种不稳定的状态。这有点儿像你走进他家里，让他带着你参观一样："哦，你住在这儿呀！向窗外望去是这样的啊！好的，给我来杯咖啡吧，我打算多待会儿，晚些回家。"

然而，走进对方的家里，并不代表你要在里面生活，你也不必非得觉得那房子很漂亮。换句话说，倾听对方，并不意味着你得对他所说的一切表示赞同。你只需要珍视并接纳他的现实处境和真实感受，那独属于他的、对他而言无比鲜活、触动人心的感受；你只需建立一场"从心灵到心灵"的对话。

孩子的同理心

我们和阿西耶（4岁）还有弗丝蒂娜（2岁）在一起时，特别注重倾听和换位思考。我们的第三个宝宝玛蒂尔德在出生后的一周由于身患重病进入了重症监护室。在她住院的第一天，我独自带着阿西耶和弗丝蒂娜吃过早饭后，急急忙忙地收拾餐桌。突然，一个饭碗从我手上滑落，转了几圈后掉到地上摔碎了。我大骂了一声响亮的"妈的！"弗丝蒂娜说："哦，这下好了，爸爸！"阿西耶说："弗丝蒂娜，你不该说'哦，这下好了，爸爸！'而应该说：'爸爸，你是生气了吗？'"我听完后就笑了。我告诉他，他说得很对。我觉得孩子们真的很容易被影响和"同化"。

——朱利安

怀着同理心去倾听：另一种沟通方式

在《孩子，把你的手给我》[1]一书中，海姆·吉诺特（美国心理学家、教师，1922—1973）曾写道："开启智慧的是倾听。怀着同理心去倾听，可以让家长领会到语言试图传达的情感，领会到孩子的感受……家长们需要敞开心扉、放开思想去倾听各种各样的真相，无论那些真相令人舒服与否。然而，很多家长都害怕去倾听，因为他们担心听到自己不喜欢的内容。"

当然，学习以这种方式沟通对我们来说很不容易，它要求我们更多地关注孩子，陪伴在孩子身边。而且，刚开始的时候，你用这种方式与孩子沟通不一定很顺畅。

怀着同理心去倾听，也意味着接受被对方影响的可能性。关于这一话题，美国人本主义心理学家卡尔·罗杰斯（1902—1987）曾写道："理解蕴含着一种危险。如果我让自己去真正理解另一个人，则有可能被这份理解所改变。然而，我们是惧怕改变的。"（《个人形成论——我的心理治疗观》，1968 年）[2]

1.《孩子，把你的手给我》：亲子沟通的畅销图书，强调父母要懂得倾听，理解孩子和正确的说话技巧。

2.《个人形成论——我的心理治疗观》：原版标题为 *On Becoming a Person*（Houghton Mifflin Company，1961）。法译本译者为 E. L. 埃尔贝尔。本书主要包括叙事符号学的原理和实践，根据符号学方法对历史思想和现代文化进行的意义构成分析。

一场普通的对话	以同理心倾听为基础展开的对话
– 这盒乐高积木一点儿不好，都没法做底座！ – 什么？没法做底座？ – 是呀，你看，根本就没有那些积木块（他让家长看商品样册上的示意图）！ – 你会不会把它们给弄丢了？它们也许就在床底下……你看了吗？ – 没有，反正我想要的不是这盒乐高！ – 可这明明就是你要的生日礼物呀！ – 不是的，我跟你说过了，我想要和本杰明一样的乐高积木！ – 老是这样，你从来就没高兴过！好啦，你该去洗澡了！	– 这盒乐高积木一点儿不好，都没法做底座！ – 它让你很失望吗？ – 是的，我没法用它堆出我想要的东西！ – 你没法做到你想做的？ – 嗯，是的，可本杰明就可以做出个平台来。 – 所以，你也想做出个平台？ – 对，就像本杰明那样！ – 本杰明的平台是什么样的？ – 它有个底座，我们可以在底座上堆积木，比如可以在上面放个吊车。可我这个就不行，吊车在这儿立不住！ – 那你该怎么做，才能让吊车立住呢？ – 我得找盒更大的乐高，做出个底座来。 – 你得找盒更大的乐高呀。 – 我有更大的乐高，那盒房子积木里就有！我也许可以用它来做个底座。 – 这真是个好主意！

替孩子解决问题：一种必须避免的错误！

作为家长，我们不愿看到孩子受苦，我们希望他们不会遭遇我们曾经遇到的困境。于是，当我的孩子走到我面前，对我说他不喜欢自己的这个或那个外貌特征时，我回答他说，这种想法很蠢，他看起来非常棒！当时的我并没有意识到：他明明是在向我表达自己的烦恼与担忧，可我却阻止了他，并且对他说“他很蠢”。

出于爱，我们觉得应该帮助孩子解决问题，觉得给他们提建议是我们的本职工作。如果我们的儿女因为遇到了麻烦而向我们吐露了心声，我们往往会说：“嗯，你只要这样做就好啦！”或者“你这样对他说就行！”甚至是“这件事交给我吧！”

然而，为孩子尽心竭力并不意味着要为他排忧解难，甚至替他去解决问题，这正是错误理解了同理心而导致的恶果。我们的孩子需要直面困难与失败，需要时不时地体味痛苦的感受，这样才能从自身经历中汲取能量来应对这一切。**作为家长，我们的任务不是为他们排除这些情况：长此以往，我们会在无意识中阻碍他们发挥个人创造性、主观能动性，阻碍他们掌握必要的人际交往能力，继而阻碍他们掌控自己的人生。**

相反，我们养育孩子时，要想办法让他们独立起来，让他们意识到自己所具备的能力。赋予孩子自主解决问题的自由，说明我们信任他们。这时，孩子们会对自己说：“爸爸妈妈知道我遇到了什么困难，知道我有能力自己解决问题。他们尊重我，并且真正地了解我。”正是通过这种方式，孩子才能发挥出自己的天赋，才能认识自己，收获成功和安全感。

一句话，我们不论怎样行动，目的只有一个：让孩子的自我感觉达到最好的状态。我们只需要让他们知道，我们就在他们身边，我们是他们的坚强后盾。

陪伴

换位思考需要的首先是陪伴，而后才涉及一些复杂的方法或技巧。我们可以简简单单却掷地有声地对孩子说："有我在呢。我不会对你指指点点妄加评论，也不会替你去解决问题，因为你得学会自己安排生活，做出选择。但有一点你大可放心：我会一直陪在你身边支持你。"

二人时光

玛丽昂让我上楼去她的房间里听她背诵课文。为了能够一边熨衣服一边向她提问，我便按照老习惯让她拿着课本下楼来找我。她看了看我，善意地说："妈妈，你不可以同时做两件事！"老是不得不和家务活一起"分享"我，这让她觉得心里很难过（比如，在我搅拌奶油调味酱时，背英语的不规则动词给我听）。她给了我五分钟的时间熨完所有的衣服，随后我去了她的房间：我们度过了一段真正的二人时光。我真的是开心极了！

——伊莎贝尔

练习

美洲的印第安人在开会时，会用一根小木棒明示发言者的身份。只要讲话人手里还拿着木棒，其他人就不可以打断、评判他或者发表意见。除了重复他刚刚讲过的话外，听众什么都不可以做，直到讲话人觉得自己被倾听了。也只有在这时，他才会把小木棒传给下一个人。这回，轮到这个刚刚结束讲话的人认真怀着同理心来倾听了。这种发言方式一直会持续到会议结束。

在积极工作坊中，家长们环坐成一圈，我会象征性地把一根小木棒放在圆圈的中央。拿着这个东西说话，有时会让他们产生一种漫长感和束缚感。我不得不说，我们的生活太满了，满得我们常常认为自己没有那么多时间去倾听别人。我们被各种信条和日程表所裹挟，被推搡着用更快的速度去"解决"问题。然而，我可以向你保证，使用讲话棒，可以大大节约你的时间！在家庭会议[1]中，在夫妻交谈或者亲子交流中，这根木棒正是同理心的象征：它会提醒你，只有拿着讲话棒的人才可以讲话，一直讲到他觉得自己被理解了！

制作讲话棒很简单，你也可以做一根属于你的讲话棒！

- 利用在户外散步的机会，找一根漂亮的、便于拿在手上的木棒。对美洲印第安人来说，木头是极具寓意的：松木象征和平，桦木象征真理，橡木象征力量，樱桃木象征爱情或另一种强烈的情感，胡桃木则象征能量、毅力等。

1. 见第九堂课。

- 你可以用珠子来装饰这根木棒，珠子的颜色也是有寓意的：红色代表信义，黄色代表爱，蓝色代表直觉，绿色代表意志力，灰色代表友谊，黑色代表和谐与倾听……

- 最后，添加一些来自矿物世界和动植物界的装饰物，用以致敬每种生物的神圣视角、也为了再现大千世界的和谐共生。比如，你可以使用鹰的羽毛（象征理想），或者火鸡的羽毛（象征和平）。鞣制皮则象征着天赋与才干（兔子皮代表善于竖起耳朵倾听，马鬃则代表恒心）。一般来说，我们会在木棒的末端点缀一块亮水晶，用来象征睿智与专注。

信任的良性循环

通过充满善意的目光，以及写满信任的话语和动作，我们可以对孩子的未来发展产生影响，这就是我们所说的皮格马利翁效应。如果我认为我的子女有这样或那样的性格特征，如果我确信他有这样的能力或那样的不足之处，则会无意识地对他采取不同的态度。在这一态度的影响下，他会呈现出我强加在他身上的性格特征。

有时，出于爱、出于对孩子的保护欲，我们会“斩断孩子的翅膀”。出于恐惧、出于对他们，特别是出于对我们自身的不信任，我们往往会把自己的信条与局限性传递给他们。反其道而行之，我越是给孩子传递关于他所具备的潜能的正面信息，他就越有可能发挥这些潜能。我越是信任他，他就越有胆量，对自己要求越高，野心越大，越不惧怕失败。所以，把我们的子女看成是最出色的孩子吧，这样他们就会变得出色！

总结出来就是两句话：“我思，故你在”和“你是我想象的模样”。

“他能做好！”

以前，我对孩子什么都管：我替他们做所有的事情，没完没了地提醒这提醒那。现在，我更多的时候选择“放任”，让他们自己去选择、去动手。我的小儿子今年6岁，因为他是最小的，所以大家总觉得他是个小宝宝。有时，我的丈夫会对他说：“让我来，你会切到手的！”而我则会在这时说：“不，相信他，他能做好！”

——维奥莱娜

无愧于孩子的信任

在《高效能人士的七个习惯》一书中，史蒂芬·柯维提到了“情感账户”的概念：一个银行账户，我们往里面存钱，是为了在需要用钱时从里面取钱。我们和孩子间的关系也是一样的，它需要我们定期用真诚、守信和关注去润养……诚然，日常生活中有太多的无奈与偶然，它们消耗着我们的精力和耐心，让我们绷得紧紧的；然而，我们完全可以用之前的储备来“滋养”它们，正如史蒂芬·柯维在下面这段话中描述的那样：

设想一下，你有个15岁的儿子，你和他的日常交流仅限于“收拾下你的房间”“把音乐声调小点儿”等，那么，你的取款金额很快就会超过你的存款金额。接下来，如果你的儿子需要做个决定，而且这个决定将对他的生活起到至关重要的影响，他本该需要你的。然而，如果你的情感账户透支了，他就无法倾听你的建议了。于是，做决定时，他会意气用事，难以用长远的眼光看待自己的未来。我们需要一个余额充足的情感账户，而最好的投资方式，正是倾听你的孩子。

练习

我女儿出生时，比预产期晚了几天。就在她还没来到这个世界的时候，我们的朋友、邻居和亲人们就已经发现了她的“与众不同”，认为她“性格独立、倔强、不好惹”。在她还只会爬不会走时，在她钻到家具下面找哥哥们扔的球时，在她去花园里找哥哥、被石子擦伤膝盖时，我们盖棺定论般肯定了自己为她塑造的性格：她什么都不怕，她好勇敢、好有个性！

如今，我意识到，在她的整个童年里，我们都在密切注视着她的一举一动、一言一行，只为从中找出能够证明我们观点的蛛丝马迹：莎拉有着不可思议的韧劲和恒心。我的女儿，莎拉，常常会一边仰望天空，一边大口喘息。那时的我并不明白，我们给了她多么大的压力：她为了不让我们失望，不得不永远表现出我们希望看到的样子——这对一个小女孩儿来说，实在是难以承受。

现在，她28岁了，她的确非同凡响、坚强倔强、与众不同、胆识过人。也许，她好得过了头。我们共同为她设定了那样一个形象，也许，她已经成为那个形象的囚犯。你能想象吗？她在还没出生时，就已经被贴上了标签！她得做出多少努力，才能摆脱我们的影响，才能允许自己偶尔犯懒和懦弱？

当时，我同样没有意识到这种做法也具有一定的“积极”意义。不管怎样，有个“不好惹”的女儿总会让人觉得心里骄傲，也算是为那些逆来顺受的女性朋友们出了口气。然而，想把女儿培养得出色过人，其实更应该让她自由自在地成为她想成为的人，不多也不少，无条件地去爱她本真的模样。

• 现在，该你来扪心自问了。在下面写出家里每个孩子的名字；你想到他们每个人时，脑子里都出现了哪些形容词？把这些形容词（褒义的和贬义的）分别写在各个名字的后面。比如：他很有趣，她太爱抱怨，他学习不好，她不太听话等。

• 对他们中的每个人，你都有哪些担忧？

- 你都对孩子寄予了哪些期望？你是不是想让儿子搞体育，有朝一日成为什么冠军，因为你的父母没同意你入这行？你有没有无视女儿想成为面点师的梦想，而鼓励她去考大学，因为这是你自己没能实现的愿望？

第二堂课
美好家庭的四大支柱——爱、善待、同理心、信任

本章小结

爱是家之本，尊重是爱之本。尊重孩子的自主性，全部接纳孩子的不完美。

善待孩子，首先要学会善待自己，接受自己的失败和不完美，接受孩子本真的模样和他成长的道路。

怀着同理心去倾听，可以让家长领会到语言试图传达的情感，领会到孩子的感受，无论那些真相令人舒服与否——倾听本身就是对孩子最好的支持。

最后我们要通过善意的目光，以及写满信任的话语和动作，让孩子的自我感觉达到最好的状态！要让孩子知道：“你自己做主，面对问题，但我会一直陪在你身边支持你。”

特别练习

1. 家庭交流的讲话棒传递规则。

2. 通过事件回放，对自我善待与亲子善待状况的觉察。

3. 书面整理你对孩子的认知与期待清单，并检视哪些其实是满足你的需求。

第三堂课

如何树立父母的正面权威

独裁主义 vs 协商权威

在许多个世纪里，专横的家长是家庭权威的唯一占有者。作为传统的卫道士、土地的继承者，有时还是长子权的受益者，他统治着整整一家人。妻子、孩子、仆人等所有生活在他屋檐下的人都要尊敬他、服从他。作为传统社会的构成元素，这一现象甚至已被宗教权威神圣化，即便这些“家庭独裁者”常常对自己的权力滥用无度。

然而，两三代人以来，情况彻底发生了变化：一方面，社会的结构不再依附于财产的继承；另一方面，代际关系虽然直到现在都是纵向的，却已然呈现了横向发展的趋势。人类历史上第一次出现了这样的情况：年轻人不再完全依附于老一辈去获取知识；相反，在某些情境下，复杂的科学技术甚至颠倒了年轻人与老一辈人之间的依附关系。

事实上，社会的这种翻天覆地的转变早已推翻了家庭内部传统的权威构成模式。家长再也不能以捍卫传统之名或按弱肉强食之法来呼风唤雨了。从今以后，家长们需要做的，是在家庭内部构建一种“协商权威”，这种权威的建立，基于每个家庭成员的权利、地位和参与感。

叫喊和惩罚不是好办法

曾经，我用父母灌输给我的信条和原则教育着自己的孩子们。那时的我，确信自己作为一位母亲，就该受到孩子们的尊重，道理就该永远站在我这边；孩子们就不该自以为是，并且必须服从这些最基本的要求：有礼貌、每天刷牙、写作业等。

一直以来，我都在谨防自己在面对孩子的任性时，无力地让步。当他们在商店里大喊大叫，或者在别人面前表现得不够礼貌时，我会觉得难堪，并会在回家后和他们“算账”。可是，这些淘气包们不可能总听我的话，他们反抗我、向我挑衅，甚至会造起反来！有时，为了更方便地破坏规矩，他们甚至会躲起来。由于害怕失去自己的权威，我不得不喊得比他们的声音还大；为了让他们听话，我不得不用更严厉的方式惩罚他们。我就这样伤害了他们，却还口口声声说是为他们好……

面对他们的眼泪和抽泣，我整整一个晚上都充满负罪感和悔恨，因为他们都是我的心肝宝贝啊，因为我爱他们（而且永远那么爱他们）！于是，我走到他们的床边，为他们掖好被子，亲吻他们熟睡中的面颊。就在那时，我开始懂得自己教育孩子的方法不对，需要换种方式。

让孩子尊重我们本真的模样

根据《小罗贝尔词典》上的定义，“权威”是指“发号施令并且让他人服从自己的权力”。行使其“发号施令并且让他人服从自己的权力”，意味着其合理地位受到了法律的认可或者相应“机构”(比如家庭)的承认;因此，独裁主义完全不属于这种情况（它的性质类似于专制与暴政）。至于“服从”的概念，则意为让孩子变得驯服、顺从，也就是爱丽丝·米勒在《都是为你好》一书中提到的黑色教育法。

然而如今，当提到权威时，我认为最重要的是树立威信：我的能力，我的言、行、思的高度一致（意思是，怎么说怎么做就怎么想，怎么想怎么说就怎么做），以及我所认同的尊重与宽容的价值理念，将共同构建并确立我对孩子拥有的权威。这一点完美反映了“权威（法：l’autorité）”一词的词源学含义：该词源于拉丁语“auctoritas”，意思是“使长大”。

我猜想，你应该和我一样，还记得有些老师为了让学生听话，拼命惩罚他们，他们刻板、严厉、专制，却无法受到学生们的尊重。相反，有些老师却完全不需要用惩罚来威胁学生。当他们走进教室时，大家会自然而然地安静下来。学生们尊重他们、敬畏他们，因为他们身上散发着某种气场。他们从不刻意寻求学生的爱戴，他们只会在心平气和与相互尊重中树立权威。

对哈罗德·库什纳而言，这种互相尊重也是爱的先决条件之一。他曾在《为生活找到意义的无尽欲望》一书中这样写道：“权力，好比水，总是从位于高处的人流向处于低处的人。爱，只能产生于平等的、能够丰富彼此的两个人之间。当两人中有一人发号施令，另一人一味服从时，只会出现忠诚与感激，绝不会产生爱。”

练习

当我还是个小女孩儿时，一天，我想帮妈妈擦桌子。只不过，我用的是块粗海绵，擦的是张贴面塑料桌。我觉得自己做了件很棒的事，于是兴冲冲地、使劲地擦，结果，桌面被我划坏了。妈妈对我发了很大很大的脾气。我记得当时我觉得好不公平，同时又有种负罪感：我本想做一件好事的，可我真是太笨了。

还有一次，为了“激发”我学英语的热情，我的英语老师当着全班同学的面，嘲笑我的发音，让我觉得羞愧难当。于是，我决定再也不举手发言回答问题了。如果发言，就必须完美，如果做不到，就会被嘲笑……既然拿不准，那就干脆别开口！

我还记得自己很怕舅舅。他又高又胖，嗓门很大（至少他在我眼里就是这样的）。我表妹也很怕他，怕他这个爱打人的爸爸。所以，我们一旦一起做了错事，就会躲起来，免得被抓到。有时，我们还会对他撒谎，因为怕他听到实话后发脾气。

就这样，多年以来，为了让我成长为一个可人的小女孩儿，“大人们”教会了我恐惧、欺骗、妄自菲薄和愤怒。所有这些意识都贻害了我长大后的生活，甚至当我成为母亲之后，毒害仍在延续！

- 请你回想一下，为了让你听话，你的父母、老师或者祖父母都采取过怎样的策略？

• 现在，想一想你之前受过的惩罚，即便这让你很不舒服。当时的情况是怎样的？惩罚你的大人是什么态度？你当时的感受是怎样的？心里是怎么想的？是否理解了大人想传达给你的信息？你觉得那公平吗？这些事情发生后，你做出了怎样的决定？

• 现如今，对你来说，上述事情都造成了怎样的影响？

以身作则，树立正面权威

西方医学和心理学的开创目的都是消除症状、根治疾病。于是，几个世纪以来，人们都在奋力医治瘟疫感染者，减轻病人的痛苦，拯救战争中幸存下来的伤员。毕竟，无论怎样，我们都要保证男男女女的正常生活、生产和劳动。一句话，就是试图让他们恢复常态，回到不具备病理学特征的原点。

然而，世界卫生组织却是这样定义“健康”的：“健康是一种在身体上、精神上和社会交往中的完满状态”。健康再也不仅仅是“不疼不痒”了，而是精力充沛且幸福快乐。积极心理学所关注的正是这一点，这也是它通常被称为“幸福科学”的原因。

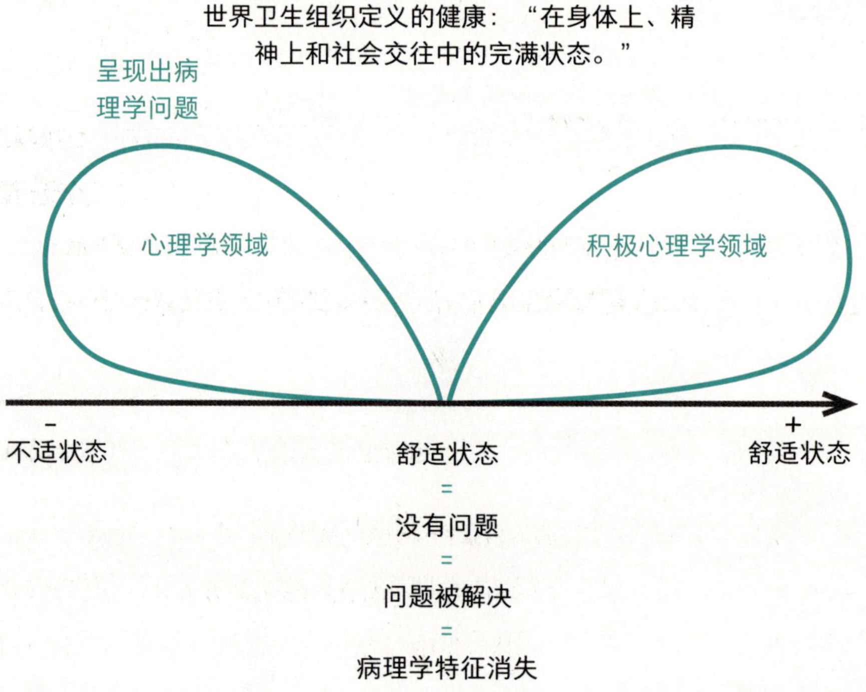

为了形象地解释心理学的这一分支，我想用我们的房子做个类比。一开始的房子，为了达到合宜的室内温度，要消耗很多能源（现在仍有很多房子还在沿用这种方式）。后来，我们发明了被动式节能屋，这种环保房屋耗能很低。现如今，我们甚至建造出了可以生成能源的积极能源屋！

别再不惜一切代价地解决问题了

如果我们把这种积极能源的概念应用到教育领域，就不该再像从前一样始终试图解决各种问题，每天没完没了地对孩子重复着："你的房间还没整理！作业写了吗？快点儿，你要迟到了！该睡觉啦！老老实实在椅子上坐着！过来帮我摆碗筷！把音乐声调小点儿！把电脑关了！别用这种语气和我说话！别再烦你弟弟了！"例子我就举到这儿吧，因为实在是太多了，日复一日，层出不穷，令人心力交瘁！

与此相反，**积极心理学旨在寻求一种家庭内部的和谐，建立这种和谐的基础是大家对"家长"承载的价值理念的尊重，每个人都在这份和谐中对自己的行为负责：决定一旦做出，就对所有人有效；而作为父母，则要以身作则，要求孩子做的事，自己也要做到。**

冲突：威胁还是机会？

在一个家庭中，最大的能量消耗往往来自冲突。然而，我却对它们给我的家庭带来的冲击充满感恩！我们所有的意见不合、争执纠纷都是滋养我们成长的土壤，让我们因为爱而战胜自己、超越自己，跨越曾经自以为的极限。就这样，伴随着一次次的危机与冲突，我们每个人都一步步地成长了。

我渐渐意识到，我之所以能给参加工作坊的家长们传递那么多的东西，全都得益于我的孩子们，得益于我和他们之间曾经发生过的冲突——“一开始的时候，你完全不是现在这样的妈妈……”他们说得很对！正是因为如此，我很喜欢“危机”这个词：如果用积极的视角看，它意味着“机会”。

冲突到底有什么作用？

冲突能让我们发泄出痛苦、紧张等生理上或心理上的不适。当然，这种发泄方式是很笨拙的。有时，冲突也能推动我们说出难言之隐。在非暴力沟通领域，我们把它看作一种表达需求的方式。

通过制造冲突，我们的孩子能够寻求自我肯定、找寻属于自己的位置、测试自己抵抗家长的能力，也会预测家长将采取怎样的“报复”行动。总之，他们是在迫使我们关注他们、看到他们的不同之处。

出于这些原因，我再一次感谢我的孩子们，感谢我们之间发生过的所有冲突：是它们为我们开启了一扇扇机遇之门，让我们得以进步，超越自我！

练习

回忆一场冲突。还是和往常一样，记录下当时的具体情况（背景、人物），以及事情是怎样发展的？

当时你都产生了哪些情绪？其他人呢？

这些情绪都是怎样表现出来的？

为了表达更清楚些，我们来举个例子。想象一下，你对自己的大女儿非常生气，因为她的房间总是乱七八糟的。你的愤怒背后，是你对家庭卫生、清洁和秩序的诉求；她的反抗背后，是她对私人空间、独立和自由的诉求。你们的争吵，是在用一种笨拙的方式表达各自的诉求。

这次冲突给你带来进步了吗？你学到了什么？

你认为怎样做才能避免再次出现同样的冲突呢?

变服从为孩子的责任感

在纽伦堡审判（1945—1946）中，汉娜·阿伦特和爱丽丝·米勒等在场的心理学家和哲学家们，统统被这样一个问题困扰着："犹太人大屠杀怎么可能会发生？那些有文化、有教养的男人和女人们，当时德国社会的精英们，他们怎么可能做出这么野蛮残忍的事？"然而，所有被告的回答几乎都是一样的："我服从了上级的命令。"难道单单这么一句话就可以解释他们是如何犯下那种滔天罪行的吗？

接下来，在1960年，米尔格拉姆（美国心理学家，1933—1984）在耶鲁大学（纽黑文）进行了一场可怕的实验。在一个实验室里，一位穿着白大褂的实验人员要求志愿者向其他参与者提问，后者其实是由实验员们假扮的，他们所坐的电椅也是虚拟的。每当他们给出错误的答案时，穿白大褂的实验人员就会让志愿者用伏特数越来越高的电击来惩罚他们。最终，62.5%的志愿者都对他人实施了最高强度的电击（450伏特），即便后者因此而痛苦尖叫、昏迷甚至死亡。

这场实验后来出现在了由伊夫·蒙当参演的影片《我如伊卡洛斯》中。实验的目的在于：

- 评估个体在面对其认可的合法权威者时，能达到怎样的服从程度。
- 对服从权威的过程展开分析，特别是当权威者促其从事的是一件有违良心之事时。

也许，我们会这样认为，科学和教育的发展大大提升了我们的人文意识。然而，2009 年，法国电视频道在《死亡游戏》这部纪录片里再现了这场实验。这一次，扮演权威者的是电视台的一位女主持人。而实验结果表明，服从的百分比竟然达到了 81%！

这一切告诉我们，无论是宗教法庭上的施暴者，还是纳粹德国抑或是卢旺达的刽子手，其实都不是什么施虐狂或者心理变态者（戈林除外）。他们是正直的人，是正常的人，是被塑造成服从者的、想要颠覆社会的人。这就如同近年来的 ISIS（“伊斯兰国”）恐怖分子，他们既不是疯子也不是病人，只是一群普通人，因为自愿服从一种集权思想而犯下了滔天罪行。然而，对这些行为，他们并没有负罪感，原因很简单：他们认为自己仅仅是在服从而已！

不可取的负罪感

当教导一个孩子始终服从时，我们就剥夺了他分析问题的能力，以及承诺、反抗和拒绝的力量，我们阻碍了他做出这样的表达：“好的，我同意。”“好的，我这就去做。”“我做的事由我来负责。”换句话说，我们阻碍了他成长为一个对自身负责、对自己的选择负责的人，一个有行动力的、不断进步的人，一个勇于承担错误、改正错误、解决问题，给予自己两次、三次或者更多次机会的成年人。

在犹太基督教社会，传统的教育似乎总在试图激发人们的负罪感。我自己在养育孩子的过程中，心里也曾充满了这种情绪。甚至今天，稍不注意，我内心的遗憾仍会被涂上一层负罪感。不得不说，这种情绪有时很有吸引力，它带来的痛苦感具有一定的安慰作用。负罪感让我们觉得，我们“偿付”了自己的言行，最后我们得到了解脱，因为我们找到了可以减轻罪行的情节和借口来缓解内心的苦痛。

然而实际上，负罪感是在把我们“向后拽”，导致我们妄自菲薄。有了这种情绪，善意与宽容就无处安放了，修复和弥补也失去了可能。内心的痛苦，让我们以及被我们伤害的人都完全丧失了希望与自愈力。那是一种难以承受的负担。一个前来参加工作坊活动的父亲曾这样说过：“这就好比一条站在溜冰场上的蜈蚣——耗尽气力却止步不前。”

练习

你大概也和很多家长一样，心中常常产生负罪感吧。那么，来做个练习吧：

- 此时此刻，你的心中有没有负罪感？如果有，是出于什么原因？你做过的哪些行为让你觉得有些汗颜？请写下来。

- 当你阅读你刚刚写下的文字时，你很清楚，自己正在讲一件已经结束的事情。你转身面向了过去，被内心的情绪所折磨。现在，尝试着看向未来：下一次，你打算采取怎样不同的做法？

- 也许，为了弄清楚自己面对的情况，为了找到一种新的状态，你需要他人的帮助。你能不能立刻决定，去找寻这份帮助？而不是像那条“站在溜冰场上的蜈蚣”一样，独自一人，止步不前。写一写将来可以怎么做，把啃噬你的负罪感转变成责任感。

第三堂课
如何树立父母的正面权威

本章小结

父母应该在家庭内部构建一种“协商权威”，这种权威的建立基础，是每个家庭成员的权利、职能、地位和参与感。

父母的正面权威来自对价值理念的思、言、行的高度一致和以身作则。

冲突是孩子学习和成长的机会，要让他们敢于独立思考、自己做主，同时勇于承担结果。

▶▶ 特别练习

1. 冲突与成长察觉：回忆一次你跟孩子的冲突，看看事情的经过，以及你从中学到了什么。

2. 从负罪感到责任感练习：回忆一件你有负罪感的亲子冲突事件，回想原因、过程、结果和你的感受，想想下一次遇到这样的问题你准备怎么做。

第四堂课

用感恩放飞自由

与其抱怨黑暗，不如点上一支蜡烛。

——非洲谚语

描述性赞扬：快乐成长的神奇魔法

“好美！”

“你太棒啦！”

“你篮球打得太好啦！”

“你好厉害！”

“哦，你真好！”

和许多家长一样，我也常常这样赞美我的孩子们。这样做的同时，我为自己感到骄傲：就像我们中的很多人那样，小时候的我没有得到过太多的赞扬。我曾经还暗自觉得，如果我的爸爸妈妈能对我个人以及我做的事多些溢美之词，现在的我也许会更好！

可是，让我们问问自己，受到赞扬时，我们的感觉和反应是怎样的？其实，很多时候，这并没有让我们觉得自己更棒，反而使我们产生了疑虑。

一天，在工作坊里，有个妈妈对我说："昨天，我的领导走进我的办公室，称赞我'太棒了'……我问自己，她想从我这儿得到什么呢？"我们当然会怀疑，因为这种称赞不是真正的称赞，而是对我们的评判。有个人对我说话，告诉我他觉得我怎么样，他其实是在评判我。

如果是我受到类似的称赞：

- 我会产生疑虑。（"他说我看起来棒极了，可我知道，一个圣诞节我胖了三公斤！"）

- 我会把称赞我的人看作"居心不良"。（"她以为自己是谁，竟然走进我的办公室，突然说我太棒了？她又想让我干什么？"）

- 我会产生焦虑和紧张的情绪。（"爸爸为我感到骄傲，因为我第一次考试考得很好，可下次我还能考好吗？"）

如果这种称赞来自一个家长，则是对孩子自身的评判。孩子并没有因为自己所做的事而受到表扬，家长只是对他这个人做出了评判。长此以往，他会习惯于生活在别人的目光下，由别人去决定他好不好、是否善良、是否勇敢。他将在一种情感依附中成长，屈从于别人对他的评判，甚至有可能始终需要得到他人的认可，直到长大成人后依然如此。然而，当我们总是需要他人的认可时，就会在受到一点点负面评判或者遭遇不公时马上失去自信。不知你还能否记起这样一些时刻：因为别人投射在你身上的目光而不敢去做某件事？或者恰恰相反，出于同样的原因而拼命地去做某件事？

谁没有过因为害怕失败而不敢开始的时候呢？

谁没有过在一个团队里放不开的时候呢?

谁没有过将尽职尽责（或者乐于打扫房间，以便生活在一个健康清洁的环境中）和追求尽善尽美相混淆的时候呢?

有多少妈妈曾跟我说过，即便每天要同时料理家务、照顾家人、上班工作,她们也得在周六晚上接待朋友前,把家里的客厅打扫得干干净净。如果她们没空做这件事，有时甚至会推迟接待的时间。

仅仅因为“顾忌别人的想法”，我们中有多少人不敢按照自己的品位穿衣打扮，不敢把客厅漆成灰绿色，不敢在公众面前表达自己的观点?

所有这些小苦恼都在揭示我们缺乏自信，揭示我们的人格构建方式：过分依附于他人的评判。

在曾经的时代里，家长们从不表扬孩子，以免他们自命不凡。魁北克人有种很有意思的说法：“免得他们崩断了背带裤！”事实上，当我们表扬孩子、评判孩子时，就相当于给了他们一面不真实的放大镜，镜子里照出的,是被高估的他们。就这样,他们成了家里最漂亮的、最聪明的、最厉害的“小天才”。然而，当某一天这种评价有所改变或者孩子受到批评时，他的整个世界就会坍塌，令他难以面对。

告诉孩子，他们为什么那么棒

作为家长,我们中的很多人都不明白,孩子们为什么老是嫌弃自己“一无是处”，明明我们时时刻刻都在想办法让他们积极向上。

在我的孩子们还小的时候，我一直搞不懂他们为什么对自己的创作力和绘画能力没信心。对他们从学校拿回来的画，我总是赞叹不已：我先用磁石把它们贴到冰箱上，然后再放进玻璃画框里——直到现在，几乎所有的画都被漂漂亮亮地装裱起来，挂满了我的房间。即便如此，我的孩子们还是不停地贬低自己的创造力和绘画天赋。

然而，那时的我并不知道，其实，他们只是希望我停下来，真正地看看他们的画，再把我所看到的用语言描述出来。要知道，孩子们无从了解自己为什么漂亮、聪明和厉害。**“描述性赞扬”可以让孩子明白，为什么他该对自己有信心：“我很喜欢这幅画，颜色搭配很协调。你画满了这页纸，画上的房子让我想到了咱们的家，特别是这条通往车库的小路。你在这里画的小人儿是谁呀？你画的应该是春天吧？我在画里看到了蝴蝶！”**你能看出上面这些话和下边这句“哇哦！这幅画太漂亮啦！”之间的区别吧？

同样地，我对正在备战钢琴比赛的女儿这样说过：“哦，我听你弹琴，发现你已经搞定这个小节了，而且现在的音调很放松很流畅。”我之所以对她说这些，是想让她知道，她的努力是有回报的，是可以量化、听得见的。

我们的孩子需要知道他们为什么是最棒的，为什么是最出色的。作为家长，我们要做他们的眼睛，去观察去描述；做他们的耳朵，去倾听去重复；做他们的记忆，去回想去陈述。这样，我们的孩子才能知道自己是谁，自己有何长处和天赋，自己是否善良。我们要赋予他们内心的笃定，笃定自己值得被爱，笃定自己在这个世界上拥有属于自己的位置和将要扮演的角色。我们要用这种方式帮助他们在自信中精力充沛地成长，就好比为一座房子构建支撑墙一样。

无论在怎样的情况下，都请你记住这一点：一段成功的描述性赞扬，其作用立竿见影，它体现在孩子闪闪发亮的眼睛和轻松活泼的肢体语言里。

像一只春天的小鸟

我的儿子皮埃尔给我看了他自己做的微型滑板。我把他的作品放在我的手上看了又看，描述起他是怎么粘贴板面、拧上轱辘、刷涂配件的。这时，我瞧见他站起身，抬起头，连说话的声音都底气十足了。看到皮埃尔这么高兴，我非常激动，心里充满了喜悦与幸福。

——萨比娜

为他们的天赋、成功和胜利而感到喜悦！

我们整天都在强调孩子没做什么、没做好什么或者做错了什么。现在，稍微思考一下，看看在一天的时间里，你都对孩子说过哪些话。把你每天对孩子发的牢骚和不满全都写出来：

“你忘了倒垃圾！”

“数学老是不行！”

“你什么时候才能想起来，运动时穿过的衣服要扔进脏衣篮里！”

“赶紧把电话挂了！”

“你怎么老坐在电脑前，真让人受不了，快关掉！”

“瞧瞧你这些拼写错误！”

我们的立足点是孩子做得不好的地方，我们指出了他们遇到的困难，放大了他们的缺点。伴随着我们的言语的，还有紧锁的眉头和抬高的嗓门。就这样，我们表达着气愤、失望与无力。只是，我们所表现出的这些不快，会被孩子解读成针对他们的不满。

这样一来，我们就会产生负罪感：我们希望孩子可以过上最好的生活，但心里又很清楚我们有时并不知道该怎么办。甚至，我们还会发现，我们的处事方式常常和应该采取的正确措施背道而驰。

那么，就换个方向行事吧！拿出我们所有的精力，来观察和指出孩子的天赋、成功与胜利吧！

赞扬的神奇力量

泰奥今年3岁。和很多小朋友一样，他讨厌坐进汽车座椅，只要一碰到汽车座椅，他就会挺起胸脯、僵直身体、哭哭闹闹。让他坐进去是我们每天必做的力气活，家里每个人都会在早上出门时因为这件事而心情大坏。我常常为此惩罚他，直到有一天，泰奥竟然高高兴兴地直接坐到了座椅上。

我赶紧在“危机”发生前抓住机会，开始表扬他说：“哦！你已经自己坐好了呀！瞧，安全带多好系！咱们父子俩多幸福！我们可以唱着歌去学校啦！”那件事发生在一年前，直到今天，泰奥都会自己坐上座椅，让我闭上眼睛，自己系好安全带后对我说：“爸爸，我们开始唱歌吧？”

——朱利安

赞扬真的可以推动孩子们超越自己、走出很远，做到我们起初并没有要求他们做的事。我记得自己8岁时，有一天，妈妈表扬了我，因为我做了一块蛋糕。当我把蛋糕端上饭桌时，她对全家人说：“我们来谢谢娜塔莉吧。她做了咱们最喜欢吃的蛋糕，而且还自己把厨房收拾好了！”从此以后，我每次用完厨房都会把那里打扫干净，直到今天，我仍然记得妈妈那次对我说过的话。

——娜塔莉

这个星期，我们全家人决定一起参加旧货集市活动，这还是头一回呢！每个孩子都有个任务：准备好自己打算卖的东西。大家都参与其中，一切都很顺利，最后我们分享了卖旧货赚到的钱。晚上，我表扬了于戈当天的表现。我向他描述了我观察到的情况：他是怎样和顾客打招呼的，怎样用逗趣的话语和他们拉近距离，怎样适度地直视对方的眼睛。听到我的这些话，他自然很高兴。在我看来，这些赞美不但让他觉得高兴，还让他受益匪浅！总之，我想他是发现了自己的一大天赋！

——文森

挑水人

从前，在印度，有一个挑水人。他有两个水桶，分别挂在一根竹竿的两端用肩膀挑着。其中一个水桶有裂缝，另一个水桶完好无损。每天，挑水人都去小溪边装满水，再把水挑回到主人家里。完好的水桶总能带回满满一桶水，而裂了缝的水桶由于漏水，每次只能带回半桶水。

显然，完好的桶对自己的能力很是骄傲：它非常完美地扮演着自己应该扮演的角色，完成着自己应该完成的任务。相反，有裂缝的桶却为自己的不足而感到羞愧：它觉得自己很没用，因为它只能完成一半的任务。于是，两年后的一天，它在小溪边对挑水人说道：

“我感到很羞愧，想向你道歉。”

“为什么？”挑水人问，“你为什么感到羞愧？”

“在过去的两年里，我只能完成一半的任务：由于我身上的裂缝，在返回主人家的一路上，我都在漏水。因为我的不足，你不得不多跑几趟，你的付出没有得到应有的回报。”

裂了缝的桶感到难过极了。出于同情，挑水人对那个桶说：“咱们现在就回主人家。路上，我要你看看那些盛开着的漂亮花朵。”

当他们走上小山丘时，有裂缝的桶看到阳光照耀着路边的花朵，心里很高兴。然而，当他们快到终点时，它再一次伤心难过起来：和往常一样，它已经漏掉了半桶水。于是，它又向挑水人表达了歉意。挑水人对他说：“你有没有发现，回来的路上，只有你经过的那边才有花儿，另一个水桶那边却没有？这是因为我早就知道你身上有裂缝，于是就想办法把这个短处转换成了长处。我只在你经过的这边播种了花种，每天，当我们从小溪回来时，你都会浇灌它们。在这两年的时间里，多亏了你，我才能采到漂亮的花儿装饰主人的餐桌。要是没有你，没有你身上的裂缝，就没有这些美丽的花朵，主人的房子也不会那么优美雅致。”

练习

与其对我的女儿说她很勇敢、与众不同、意志坚强，不如这样说，也许更恰当：“整个冬天，你都在准备比赛。不管下雨还是严寒，你都没有停过一次训练。看看你的努力得到了怎样的回报：你今天取得了越野赛的第一名！”如果有必要，我也可以在后面加上一句：“你真的很有毅力和勇气！”意思是说：当你在此时此刻做到了这些时，你是很有勇气的。她可以通过这种方式了解什么是勇气和毅力，以及怎样做才算是有勇气和毅力，却无须被困在这样一个既有勇气又有毅力的角色里。这样一来，她说不定就能大胆地想：“下个月的比赛虽然很难，但我相信自己可以做到。”

在上一章里，你列出了你对另一半以及孩子的所有评价、所有你想给他们贴上的标签。现在，想一想你是在怎样的情况下、什么时候又是为什么这样评价他们的，并在下面写出来。

接下来，把你的语言转换成描述性赞扬，先写给你的另一半，再写给你的孩子。

感恩：美德与幸福之源

我们人类所具备的适应力是令人难以置信的，这也是我们得以繁衍至今的原因之一。做过矿工的爷爷曾对我说："我们那时比马还能吃苦。马不敢去的地方，我们敢去；马驮不动的东西，我们驮得动。"

我们可以适应漫长的上班路程和拥挤的交通工具，可以适应窗外的钢筋混凝土"风景"，可以适应包围着我们的噪声……其实，只有一种东西是我们无法适应的：过于刺耳的噪声，这就是为什么即使我们住在兵营旁，也总能听到消防车的声音，这也是为什么我们无法忍受孩子们的叫声。

每天都学着接受生活的馈赠

如果我们能接受生活里的艰难困苦，那么，积极舒适的一面就更容易适应了。所以，懂得接受生活的馈赠，是我们永恒的幸福之源。全世界的哲学、宗教和智慧都认同这一点：

- 哲学家西塞罗曾在公元前100年写道："感恩不仅是最大的美德，也是其他所有美德的母亲。"

- 犹太人每天要背诵上百篇感恩祷词。他们还有一个特殊的节日：住棚节（希伯来语是"Souccot"，在祈祷文中也被称为"那节期"），用以纪念上帝对以色列人出埃及时的保护，以及庆祝农耕年的结束。

- 天主教徒做感恩礼拜，而且还在用餐前祈祷。

· 佛家认为，幸福不在于物质财富的获取和占有，而在于对既有之物的接纳和认可。

· 在非洲的道德世界里，人们这样说："接受他人恩惠却不言感恩的人，还不如一个盗走我们财富的小偷。"

· 在《古兰经》中，有这样一句话："你们可以吃我所供给你们的佳美的食物，你们当感谢真主。"

而积极心理学也在今天通过科学的方式证明，感恩之心对人类具有不可思议的影响力：

· 2003 年，麦卡洛（迈阿密大学）和爱蒙斯（加利福尼亚大学戴维斯分校）两位心理学教授论证：**"每周至少写下几句话、记录一件让人心生感激的事，可以大大增强人们的满足感，继而变得更加乐观、减少焦虑和痛苦；想要达到这一效果，只需要十周的时间！"**

索尼亚·柳博米尔斯基（加利福尼亚大学积极心理学实验室主任）在《幸福有方法》一书中则做出了这样的证明："一个人越懂得感恩，则越不容易焦虑和抑郁，也越不容易产生沮丧、嫉妒、孤独等情绪；一个人越懂得感恩，则越笃定自己的价值理念，也越自信，越能感受到更多的积极情绪。"

这难道不正是我们对孩子的期望吗？

表达感恩之情的艺术

和表述描述性赞扬一样，体味和表达感激之情，需要我们切切实实地去看、去听、去呼吸、去触碰。

这意味着，我们该去追忆那些给我们带来快乐的人，那些激励我们发现美好的人。感恩，也要意识到我们有多幸运：我们活着，我们需要付出努力才能有所得，我们不比其他人有特权，我们所享有的一切都是生活的馈赠。

比如，我喜欢喝茶。我喜欢捧起一个装满茶汤的瓷杯，用双手温柔地环绕它；我喜欢观察茶水金灿灿的色彩，喜欢呼吸它散发出的迷人香气；喜欢放飞自己的思想、走向遥远的国度，想象那里清晨雾霭中的棵棵茶树……然而，过去总是把茶壶里的东西一股脑倒进洗碗池的我，用了好多年才懂得，自己该对生活的这一馈赠说句“谢谢”。

在我们这个过度消费的社会，广告不停地刺激我们去获取和邻居一样的东西，我们每天都在被孩子这样那样的购物要求所深深折磨。有时，无法为他们买来他们心仪已久、念念不忘的东西，我们确实会感到难过。因此，我觉得，让孩子学会感恩非常有必要。而在此之前，我们必须要求自身也拥有一颗感恩之心！

培养感恩之心

积极心理学研究专家鼓励我们每天晚上都在一个小本子上做笔记，写下一天中曾让我们感恩的两到三件事。一开始的时候，我一门心思地去找自己可以写点儿什么。后来，慢慢地我才意识到，其实每天都有很多个值得我们捕捉的瞬间，它们不但令人心生感激与感恩，同时还让我深深地感受到了随之而来的温存与舒适之情。更美好的是，我学会了这样一种体验：从懂得把握和珍视生活所赋予我的一切，到自我激发感激与感恩之源，即便是在艰难的时刻也是如此。

另外，我还注意到，一开始，我是对我已经拥有的东西怀有感恩之心。（我珍视我所拥有的，首先是一些物质，之后渐渐的是我的能力与才华。）接着，我开始对他人怀有感恩之心，因为没人可以依靠一己之力获得成功。这种心态让我在许多个美好的时刻向他人表达过感激之情，那种完满的状态是具有感染力的！最后，我学会了对生活中的一切境遇都怀有感恩之心，包括那些很棘手的境遇，我学会了超脱出来看待问题，学会了觉察这些境遇将赋予我什么。于是，我开始换一种视角看待曾经以为无趣乏味抑或是艰辛困苦的时刻。我就这样意识和觉察到，这一切都让我有所习得、有所发展，让我的明天丰富多彩。

——让·弗朗索瓦

分享感恩之心更为美好！

我们可以和孩子一起度过“感恩时刻”，在餐桌上或者是睡觉前——比如，你可以对他们说：“给我讲讲你今天度过的最美好的时刻吧！”

当我建议在家里建立这种仪式时，我 14 岁的儿子对我说：“今天，我是真不知道能讲点儿什么：真是糟糕透顶的一天……在公交车上，我本来正想着这回事，可没想到，一个大美女突然坐到了我的身边！”我在心里暗想，就是这样，太好啦！他不仅懂得在“糟糕透顶”的一天里寻找快乐（我们不得不承认，这是个很大的挑战，至少在一开始的时候是这样的），而且还懂得调整视角定位美好。

开启日常“感恩时刻”

晚上，我4岁的儿子对我说：“今天里最美好的事情，就是看见你，妈妈！”真是太棒了！

——阿莱克桑德拉

在我们家，每天晚上，家人们都会在餐桌上讲一讲一天中的快乐时光。一开始的时候很好玩儿，女儿们说的都是吃的！她们告诉我们，白天在食堂里什么好吃，还有我们正在吃的晚餐里什么好吃。渐渐地，也许是受了我们所讲的事情的影响，她们开始表达对其他东西的感恩之情了。现在，更为美好的是，她们常常向对方表达感激之情！她们感谢彼此，因为分享了某个玩具，或者是得到了对方的帮助，哪怕仅仅是为一句好玩儿的话……那真是一种实实在在的幸福！

——斯特凡纳

许多年以来，每到圣诞节前夜，我就觉得不自在。我们不是天主教徒，所以不去做弥撒。那成堆的礼物和饭菜让我觉得难以忍受。参加完工作坊后，我决定在拆礼物前组织一个“感恩时刻”活动。我把宾客们的名字写在一张张折起来的小纸条上，让每个人都随机抽取一张。接着，我邀请大家对抽到的那个人说上一两句感恩的话。凑巧的是，我的叔叔竟然抽到了自己的名字。

接下来发生的事令人难以置信。每个人都感动得不得了，都觉得彼此心心相连，仿佛这一切拉近了我们的距离一样。我们感受到了很多的爱，甚至因为感动和分享的喜悦而潸然泪下。而且，我们决定以后还要组织这样的“感恩时刻”活动。很多个月后，我的孩子们已经不记得当时都收到什么礼物了，那些感人的瞬间他们却一直挂在嘴边。

——朱莉

两只狼

从前，一位印第安切罗基老人教导孙子怎样生活时说道：“在我心中，有两只狼在奋力地厮杀。一只狼嫉妒、愤怒、贪婪、自大、怨恨、说谎、摆架子、自以为是。另一只则善良、平和、幸福、宁静、谦虚、慷慨、真实、慈悲。同样的斗争也存在于你和每一个人的心里。”

孙子想了一会儿，问祖父：“哪只狼会在这场斗争中取得胜利呢？”祖父的答案非常简单：“你喂养的那只！”

练习

每天拿出一两分钟的时间，对自己说："我还活着，我对此充满感激！"由此产生的影响是你意想不到的：

- 准备一个本子和一支笔，放在床头柜上。每天晚上，在本子上写下一天中的三个美好瞬间（咖啡的味道、孩子的亲吻、舒适的热水澡、给你让路的司机等等）。用简短的句子有意识地记录你所经历的美好与温存。

我建议你在临睡前做这个练习，是因为这样一来，你的睡眠一定会更好。但是，如果这个时间对你来说并不合适，就把本子放在其他地方吧。我有个朋友就把本子放在了写字台上的电脑旁。重要的是，周遭条件可以让你轻松地写下几笔，并将这一切固定为一种仪式。

- 现在，在下面写出你今天经历的三个美好时刻吧！

- 找一个固定的时间，和孩子一起讲讲你们经历的好事儿，可以在餐桌上，也可以在临睡前。感恩之心要分享或表达出来，仅仅在心里想一想是不够的，大脑因此而受到的影响截然不同。

- 想象一下分享感恩的其他方法。我有个朋友，每天都拍一张花朵的照片，然后附上一句感恩的话发给别人。你也可以定期地写一封感恩短信，每次发给不同的人。或者，组一场饭局，每位宾客都在聚会时讲一讲此时此刻为什么而感恩、对谁感恩……在这个真情流露的时刻，展开想象、付诸行动、放飞情感吧！

· 对你的另一半怀有感恩之心！一天，在一场工作坊活动中，我让每对夫妻都对彼此说上一句感恩的话。其中有一对夫妻似乎很难做到这一点。于是，我走近他们，想帮他们向对方表达出某种谢意。我很惊讶：虽然妻子对刚刚二人一同骑着摩托车来工作坊的时刻心怀感激，可丈夫却不觉得应该因为这个而感谢妻子（“因为她也从中获得了快乐呀。”）；至于妻子，也不认为该对丈夫前一天晚上换床单的行为表示感谢（“每次都是我换床单，他终于换一次了！”）。

· 现在，你来想一想，有没有什么小事可以让你对另一半心怀感激？在他（她）身边醒来时你很快乐？他（她）工作努力、全情投入（让家庭的经济状况更为宽裕）？或者是你们之间的某段谈话让你觉得被倾听被理解了？

- 为了拓展思路，请不要再认为以下这些都是“再正常不过”的了：她熨衣服、他去学校接孩子、他准备晚餐、她在你看完牙医后发来短信问候你关心你……为这些日常琐事感激彼此吧，你会发现，生活会变得更加美好！

第四堂课
用感恩放飞自由

本章小结

“评判性赞扬”会让孩子关注他人目光，依附于他人评判。“描述性赞扬”会让孩子明白，为什么他们该对自己有信心，为什么他们是最棒的，从而在自信中茁壮成长。

感恩则是美德之源。积极心理学通过科学的方式证明，感恩之心对人类具有不可思议的影响力，越感恩，越能免于负面情绪，越笃定、自信和积极。

让我们和孩子一起开启日常“感恩时刻”，用心去体味和表达感激之情，你会体会到它的神奇魔力。

▶▶ 特别练习

1. 用描述性语言，把你对另一半和孩子的赞扬写下来。

2. 写下几件你对另一半心怀感激的小事。

3. 每天睡前写下你今天经历的三个美好时刻。

4. 选一个固定的时间，和孩子一起讲讲你们彼此经历的“好事儿”。

5. 试试向其他人表达感恩。

规矩

第五堂课

一起订立规矩

如何让每个人都遵守订立的规矩？

几乎每一本有关家庭教育的书里都会有这么一条原则：在家里立规矩。的确，订立规矩，不但能更好地规划时间与空间，也能给孩子带来安全感，让他们清楚地知道该做什么不该做什么，还可以指引孩子走上独立之路，促进家庭成员间的合作互助与责任分担，并同时建立对彼此的尊重。简而言之，游戏有了规则才能玩起来，和这个道理一样，家里有了规矩，大家才能和谐地生活在一起。

在此再强调一下：规矩，不只孩子们需要遵守，家长们也需要认真遵守。

孩子们，尤其是青春期的孩子们，自然不会愿意遵守自己不认可的规则。然而，我们却总是强迫他们服从那些对他们而言既无价值也不合理的指令。我们专制地将一些禁忌与限制强加给他们，这不但会令他们沮丧，还会激起他们违规的情绪。那么，到底该怎么办呢？

这里，我们还是要强调共同行动。在12世纪，法语中“interdire”（禁止）一词的说法是“entre-dire”（互相说），意思是：“人与人之间的交流沟通”是集体生活的保障。所以，一切“inter-dits”（禁忌）都得说出来才行！**家庭生活的安排和规矩的订立应该由所有家庭成员共同完成，当然，这些规矩必须符合家长明确建立和表达的价值理念（比如**

合作互助）。[1]于是，决定不再以上传下达的方式做出，而是大家协同达成的。这种协同的方式将促进家人间的合作互助，共担责任，共兑承诺，比如某一成员主动承担起其他家人难以完成的事。

家庭中的独立自主与团结一致

关于整理房间这件事，我和儿子还有女儿这样谈过——我说我尊重他们的隐私，但由于他们年龄太小了，很难自己做家务，所以我只需要他们整理好自己房间里的东西，一周一次就可以。然而，这对我女儿来说太难了，因为她天生就不是个有条理的人。于是，她找到了自己的哥哥，两个人达成了协议：汤姆会帮助妹妹整理房间，作为回报，妹妹会为他做块巧克力蛋糕。（蛋糕做得很成功，而且都没要我帮忙。）

——阿莱克·桑德拉

地狱和天堂

一天，一个信徒问上帝："主，我想知道地狱和天堂都是什么样子的。"于是，上帝把他带到了两扇门前。他打开了其中一扇门，让信徒看里面的情景。

只见房间中央摆着一张大大的圆桌，圆桌中央有一大锅香气扑鼻的炖菜（信徒馋得直流口水）。然而，围坐在圆桌旁的宾客们却个

1. 这可以通过家庭会议来实现，在此期间，大家可以共同探讨日常生活中遇到的问题，并寻求相应的解决办法。"家庭使命图"也是一项珍贵的工具（见第九堂课和第十堂课）。

个骨瘦如柴，面色苍白，看起来饥肠辘辘。每个人的手臂上都固定着一把长勺子，能用这把勺子够到炖菜并取出满满的一勺。只是，由于勺子的柄比他们的手臂长，所以没人能把勺子里的东西送进嘴里。看到他们的悲惨境遇和痛苦模样，信徒不禁浑身战栗起来。上帝对他说："你刚刚看到的是地狱。"

接下来，两人走向了第二扇门。上帝打开门后，信徒看到了和第一间屋子里一样的场景：大圆桌、炖菜锅（他又流口水了），还有拿着长勺子的人们。只是，这里的人们个个吃喝不愁，心宽体胖，面露喜色，而且还有说有笑！

上帝说："这就是天堂！"听了上帝的话，信徒似乎有些困惑不解。于是，上帝接着说："其实很简单，不过是个向善的思辨而已：他们懂得互相喂饭，而隔壁那些贪婪自私的家伙想到的却只有自己。"

家长也要守规矩！

大家共同做出的决定、每个人需要履行的承诺，都只有在满足这个条件时才有效：父母也要守规矩。这又涉及言、行、思合一，也就是咱们已经谈到过的头脑、心灵和身体的一致性。

如果我们在吃饭时接电话，怎么能要求孩子在餐桌前不看手机？如果我们骑车时不戴头盔，怎么能要求孩子戴上它？如果我们抽烟，怎么能向孩子证明吸烟有害健康？如果我们连自己的手包都找不到，怎么能去指责孩子没整理房间？我还有很多例子可以举下去，**为了平等，作为**

家长，我们也要遵守这些规矩，并且在违反它们时接受惩罚！

一天，我接待了皮埃尔和他的妈妈。我们本想给我们三人共同完成的家庭使命图[1]做个总结，可皮埃尔却表现得很生气，过了一会儿后，他甚至拒绝继续讨论下去了。面对我惊讶的目光，他大叫起来："这什么用都没有！妈妈说了好多好多事，可她自己却做不到！昨天，她对我发火，因为我把浴巾丢在了浴室，可她呢，却在洗脸池周围摆满了乱七八糟的东西——我甚至都找不到地方放我的收音机了！"于是，我提出了建议：妈妈将受到和皮埃尔乱放东西时同样的惩罚——把她的东西放进一个特定的篮子里"隔离"起来，一周之内不可以使用！

当父母不遵守大家共同订立的规矩时

为了避免争吵，防止争吵迅速演变成侮辱和暴力，我和我的两个女儿商定了举手示意的规则：这个动作是为了向他人表明，我很生气，需要离开一会儿，需要时间静一静，消消气。一天，我们正在吃饭，和往常一样，姐妹俩又吵了起来。佐伊举手示意后，想离开饭桌。可我不想让她没吃饭就走开，于是要求她吃完饭再回房间。这真是大错特错！佐伊边走边骂艾丽莎，重重地摔上了房门，而艾丽莎也由于不得不和我一起吃完晚餐而气愤难当。这简直是彻彻底底的失败！

——朱莉

1. 见第十堂课。

规矩是家庭的法律，要订立书面的合同

我接待过很多家长，在他们遇到的困难中，最常见的就是（孩子）缺乏对他人的尊重，它的表现方式往往是脏话和辱骂。显而易见，这里体现的问题，是在相关家庭中共同价值理念的缺失——我还从没见过不重视“尊重”这一价值理念的家庭呢！

要知道，对辱骂的禁止，不仅适用于家庭和校园，更不是为了给孩子们添堵的！法国颁布于1881年7月29日的一部法律中的第29项条款就是关于禁止辱骂的。一旦有违此法，就要缴纳相应罚金：如今，公开辱骂的罚金为12000欧元；如果辱骂带有歧视性，则不但要缴纳22500欧元的罚金，还将受到六个月以上的监禁。你可以把这些讲给孩子听，一般来说，他们听后都会老实下来。你也可以借此机会，给他们厘清以下几个概念：

· 法律

法律是一片国土上的每个个体都必须遵守的行为规范。法律不可被随意更改，除非是最高权力机构（司法机构）按照法定程序修改。法律有一位保证其执行和效力的捍卫者，那就是法官。

· 规矩

规矩是指一个集体（比如家庭、公司或学校等）内部达成的协议。它的修改必须遵循整个集体预先规定的程序（比如“头儿”的决定、管理委员会的共同决议、班委会的决定）。当然，这些规章制度必须合乎法律，没有哪个家庭可以订下这样的规矩：家庭自行行使司法权，或者无须禁止辱骂行为。这里，集体的负责人就是规矩的捍卫者（对一个家

庭来说，则是家长）。

· 合同

合同是由两方或多方达成的、规定各方权利和义务的协议。无论是书面合同还是口头合同，都不可有违任意一方的意愿。如果其中一方取消合同，合同则解除、失效。合同的捍卫者通常是局外之人：公证人、第三方（可以是随便一个未参与其中的人）、朋友等。

记住，在一个家庭里，我坚决反对订立“口头合同”，否则，家长们说过的话很有可能受到质疑！两年前，我再次丧失警惕性，和我的小儿子订立了一个没有写下来的协议。几个月后，他没有遵守协议的规定。正当我们争论不休时，他果真来了句“咱们从没这么讲过！”太迟了，我拿不出任何的书面证据，真是自作自受。

订立清晰明确的规矩

为了规范你的家庭生活，没必要订立太多的规矩，规矩多了反而更麻烦，最多五条。这些规矩还得考虑到孩子的年龄，需要他们能够理解。比如，“整理房间”对一个孩子来说就不太清楚：他和你对于整齐的概念理解肯定大不相同，即便是你和另一半，对此的理解就一样吗？我几乎可以毫不犹豫地给出否定答案。

给出一条清晰明确的规矩，意味着你要对孩子说：“我需要你铺好床、把乐高玩具放进盒子里、把毛绒玩具放回椅子上。”做出这样的解释时，你也许能够意识到，之前的规矩之所以没被执行，是因为孩子没有听懂，因为你没能采取正确的表达方式。当某条规矩太过复杂时，（即便是对我 18 岁的儿子）我往往会加上这么一句话："我必须确定，咱们都搞清楚这件事了。那么，可以请你复述一遍你都听懂什么了吗？"

然而，虽然我经常在工作坊里和每位家长讲起立规矩的事，而且每个星期至少大谈一次，我仍然在不久前犯了个表达不清的错误。一个周末，我和丈夫外出，把整个家留给了 17 岁的儿子约瑟夫和他的女朋友。我离开前对他说："我希望我们回来的时候，房间已经被你整理好了。你知道，我不喜欢出去放松后回到家还要做家务！"

我原以为，在同一个屋檐下共度的 17 年，足以让我们彼此理解。可是，情况并非如此！当我回到家打开门时，我确实看到了一个整理好的房间，可约瑟夫并没有用吸尘器打扫地面，也没有倒垃圾。我本打算等自己冷静下来后就给儿子打电话，但最后我没这样做：随着血压的降低，我逐渐意识到，我并没有跟他说清楚要做这些呀！我不可能为此去惩罚约瑟夫，因为他确实按照我说的，整理了房间！

孩子们的逻辑

当我要求儿子马修（3岁）整理房间时，我以为自己已经表达得很清楚了。我对他解释说："我需要你把地毯上的所有玩具都拿走。"可是，信息似乎并没有准确传递：当我再次走进他的房间时，我发现，地毯上确实什么乱七八糟的东西都没了，可玩具却统统跑到了床底下！

——萨比娜

练习

也许，你和孩子间常常会发生一些冲突。比如，每天早上你都会很恼火，因为孩子经常在应该出发时还没准备好；或者，晚饭总是以吵嚷和沮丧告终；或者，孩子总会在放学后拖上一个小时才开始写作业；或者，为了今天可以用吸尘器清扫地面，你明明昨天就让孩子整理房间了，可他们却没有做……这类事情让家长们筋疲力尽，让孩子们气恼不已，让家里的每个人都带着忧伤和负罪感入睡。

从这些冲突中选出一个，约孩子谈一谈，力图两人一同解决问题（注意要找个两人都方便的时间）。谈话当天，遵循以下准则行事：

- 找一个安静的地方，尽量不要被打扰：关掉手机或者即使手机响了也不要接听。提前和另一半打好招呼，如果有需要，让他（她）来照顾其他孩子。

- 首先，让孩子感受到你的同理心："我知道，一大早醒来就急急忙忙地赶时间，对你来说很不容易。"或者"我理解，晚上放学回家后，你需要放松，可能这个时候马上开始写作业会很郁闷。"或者"我知道你喜欢把所有东西都摊到地上。"给他自我表达的机会，让他开口去谈相关的问题。真真正正、认认真真、发自内心地去关注和倾听他所讲的话。

- 提醒他问题所在："你知道，要想在八点半到学校，咱们就得在八点零五分从家里出发。"或者"你得在晚饭前写完作业，这样饭后和睡前才能有时间放松一会儿。"或者"咱们家里得保持最基本的干净整洁。"

• 在一张纸上，写出前面提到的问题，比如：我们早上得在八点零五分出发。把这张纸分成两部分，把孩子的名字写在右半部分的顶端，把你的名字写在左半部分的顶端。

怎样保证在早上八点零五分出发

爸爸妈妈	汤姆
~~爸爸妈妈提前一个小时叫醒汤姆~~	~~汤姆不吃早饭~~
爸爸把闹钟交给汤姆，让闹钟叫醒汤姆	汤姆只吃一片黄油面包
汤姆在前一天晚上准备好要穿的衣服	汤姆带上一块点心留在课间吃
妈妈负责准备早饭	

• 每个人都在自己那栏里写出可能解决问题的所有方法。我说的是所有你能想到的办法，不论是疯狂的还是严肃的，抑或是有创意的。像那些创意企业一样，做个头脑风暴吧。这个时候，不要评判或批

判对方所写的内容（不要因为你认为对方的点子不可行或者没用就指指点点）。

- 只有当所有人都想不出点子时，再进行下一步：删掉那些完全不可行的提议，完善、修正可能可行的办法。也许，最后只剩下一个点子了，甚至是个完全没创意的点子。别担心，你的孩子会帮你拟出这份合同的，而且一切都将就此改变。你就瞧好吧！

- 再拿出一张空白纸，写上双方协商一致的内容，如："为了保证早上八点零五分出发，爸爸承诺将闹钟交给汤姆用以叫醒汤姆，承诺准备早餐，同意汤姆早餐只吃一片黄油面包的做法。汤姆则承诺前一天晚上准备好要穿的衣服，带一块点心留在上午课间吃。"

- 写上日期，双方都要签名。这一点非常重要。只有通过这种形式，孩子才能产生责任感，才能清楚地意识到自己承诺了什么。如果孩子太小，可以让他按手印（就连三岁的孩子都可以做到）。

- 在你们的签名下方，标明你们签订这份合同的日期。如果这是你们第一次做头脑风暴，可以在十五天后再做一次。接下来，把合同贴在一个和冲突相关的地方（如果问题和孩子睡觉有关，就贴在他的床头；如果和写作业有关，则贴在他的写字台上）。

- 两个星期后，做个小总结。如果合同没有被执行，或者执行得不够令人满意，就从上面的第一步重新开始吧！

合同

关于早上八点零五分出发

签署方：爸爸／妈妈／汤姆

爸爸承诺将闹钟交给汤姆，汤姆在闹钟的帮助下自己起床。

妈妈承诺准备早饭。

爸爸妈妈同意汤姆只吃一片黄油面包。

汤姆承诺前一天晚上准备好要穿的衣服，带一块点心留在上午课间吃。

南特，2015年3月8日

本合同可于2015年3月29日修订

签字　爸爸　妈妈　汤姆

我上次做这个，是和孩子的作业有关。我的小儿子总是在星期天晚上五点才开始写作业，这常常会毁掉我们全家的最后一点周末时光，着实让我心烦。于是，我单独约了他谈话，我对他说，我理解在周末做作业确实让人心里不痛快。他终于吐露了心声：日程表上有那么多事情要做，他对此非常焦虑。

待他表达完毕并且已经产生了被理解的感受，我接着告诉他，周日晚上对我们全家人来说有多么重要，那是我们一起做可丽饼的时间：我们用这种简单、温存和甜蜜的方式共同开启新的一周。可是，由于他在这时写作业这件事，我们却常常对着槭糖汁罐子吵来吵去。

就这样，我提出了问题：怎样保证约瑟夫在周日晚上五点前写完作业？接着，我想出了很多点子：让他周六早上写作业，让他在厨房和我一起做作业，让他给我背诵刚刚学会的课文，让他和同学一起写作业，甚至要求他在作业完成前不可以玩电子游戏（我承认这一点确实有点儿过分了，但这就是头脑风暴——用些许幽默、嘲讽和挑战之心激发出新点子）。至于我儿子，他只提出了两个想法：我不写作业（当然，这是为了回应我的过分之举）和妈妈不再唠叨我写作业的事。

最后，我们只保留了他的第二条建议。于是，我在一张纸上写下：“约瑟夫承诺在每周日晚五点前完成作业。妈妈承诺不再对他唠叨写作业的事。”我们注上了日期，签了名，决定三周后再碰一次头做个总结，最后把“合同”贴在了他的写字台上。问题从此便彻底解决了！

当独立成为一种答案时

在家吃顿晚饭太辛苦，我实在受不了了。于是，我向孩子们解释说，不停地叫他们过来吃饭对我来说简直太痛苦了，工作一天回家后听到他们吵吵嚷嚷真是很心烦。抱着试试看的态度，我让孩子们和我一起做一场头脑风暴，以找出解决问题的办法。我们拿出一张纸，一开始的时候，火药味很浓烈：他们的第一条建议是“爸爸不要回家了”。我当时心里很难受，但还是把这句话写了下来。看到我这么认真，他们也渐渐提出很多有创造力和创新性的点子了。最后，我们达成了协议，他们每周三次单独在厨房里吃晚饭（差不多是两天一次），我和妻子则在客厅里用餐。他们承诺自己准备晚餐，饭后将厨房收拾干净。而我和妻子在这三天里则无权进入厨房。另外四天，他们会彼此尊重、相安无事地和我们共进晚餐。

现在，他们在饭桌上仍然“活泼好动”。不过，说实话，这和以前大不一样了！而且，我必须承认，如果不是他们主动提出，我不可能接受在自己和妻子清清静静地共进晚餐时，扔下孩子们独自解决晚饭。然而，这真的很惬意！看来，他们还是能偶尔想出好点子的！

——多米尼克

第五堂课
一起订立好规矩

本章小结

在家里立规矩，能更好地规划时间与空间，也能给孩子带来安全感，让他们清楚地知道该做什么、不该做什么。

订立规矩，应该由所有家庭成员共同完成，规则要明确，落实到书面。它要求全体成员共同行动，共同遵守。这种协同方式不但可以指引孩子走上独立之路，而且可以促进家庭成员间的合作互助与责任分担，并同时建立对彼此的尊重。

▶▶ 特别练习

1. 就孩子存在的问题，跟他讨论解决方案并订立书面协议。

第六堂课

犯错是孩子的成长机会

成功就在失败的尽头。

——托马斯·约翰·沃森（IBM 创始人）

在我的职业生涯中，我搞砸了 9000 多个投球，输掉了 300 余场比赛。有 26 次辜负了队友的信任，投丢了制胜球。在我的生活里，我一次又一次地面对失败。然而，这些就是我成功的原因。

——迈克尔·乔丹

犯错：无比丰富而不可或缺的学习机会

我们需要失败才能学习，需要犯错才能记住。

因为在南特市迷失过方向，在其中走过弯路，我才能在搬来后对它的地形了如指掌；因为我敢于做第一次讲座（虽然当时我完全不知道该怎么办），我才能在以后的日子里开办各种讲座。

一个孩子，正是因为摔倒一千次，爬起一千次，日后才能学会走路；也是因为无数次地推翻积木，最后才能堆出令他自豪的金字塔；更是因为几个月间每次吃饭都吃成大花脸，而后才能自己用勺子吃饭。

许久以来，我们耐心亲切地陪伴孩子学习这一切。突然有一天，当孩子需要记住的知识和需要习得的能力变得复杂起来时，我们的态度也变得越发强硬，甚至渐渐出现了令自己羞愧的想法和做法：我们开始拿自己的孩子和其他孩子做比较了，我们还希望孩子听话、成功、有天赋、完美无缺……最后，连我们自己都觉得累了——我们唠叨得连自己都烦了！

同样地，来自外界的目光（老师的目光、孩子爷爷的目光、朋友的目光）也变得难以回避，甚至挑剔指摘了。“杰斯蒂娜到现在还不知道7的乘法口诀呢？”“你儿子还分不清鞋子的左右脚啊？”“哦，他进了职业技术学校呀。真好！我的孩子？他已经进精英大学的预科班了！”更别提那些我们清晰捕捉到的表情与肢体语言了：一抹讥讽的微笑、一声叹息、一个嘲弄的目光……在这些评判的影响下，我们转向自己的孩子，无情地要求他们成为最好最棒的。在毫不情愿的情况下，孩子们变成了我们自身的镜子，唤醒了我们内心尘封已久的恐惧神经。这真的令人难以忍受！

我记得很清楚，当我的孩子破坏了约定俗成的社会契约时，当他们表现得叛逆时，老师们（甚至我的好朋友们）都会深入思考并高谈阔论一番。每每这时，我的自尊心和自信心都会有所动摇，甚至无法接受眼前的事实：我到底是个多么糟糕的母亲，才能养出这么不完美的孩子！然而，今天我却想说，孩子们给了我一个最好的礼物，他们让我敢于直面内心的魔鬼与焦虑，继而更加公正地对待他们。

那么，**从现在起，请不要再把他们的错误、笨拙、疏漏和失败理解为对你个人的冒犯，也不必将它们视作需要不惜一切代价彻底铲除的毛病，而该把它们看成最为优越的学习资源！**改变从前的逻辑吧，尽量采取另一种视角面对现实，勇敢地戴上一副新眼镜去看这个世界！

源于错误的大发现

在错误地偏离航线一万余公里后，克里斯托弗·哥伦布发现了圣萨尔瓦多岛，后来又发现了古巴。

20世纪40年代末，克里斯托弗·波尔吉和他在剑桥大学的同事们，偶然发现了甘油特有的保护作用：贮存精子。而促成这一发现的，却是几个贴错了标签的化学试剂瓶！

1954年，为了售出过剩的巧克力，法国巧克力工厂德莱保罗·阿韦的负责人决定在巧克力中掺入焦糖。然而，由于新加入的这一成分，制糖机器的运转出现了紊乱，本该出现的方形糖块统统变成了长条形，焦糖糖果条就这样诞生了！

查尔斯·古德伊尔错把一块覆盖着硫黄的橡胶放在了煤炉上，橡胶马上燃烧了起来。古德伊尔很恼火自己的笨手笨脚，随即把燃烧着的橡胶从窗口扔进了雪里。第二天早上，他捡起橡胶，发现那东西的弹性非常好——古德伊尔就这样发明了硫化橡胶。

类似的例子还有很多很多：青霉素的抗感染作用因为一次错误而被发现；传统法式点心“反烤苹果塔”因为一时粗心而诞生；贝蒂斯糖果[1]的诞生也是如出一辙！

1. 贝蒂斯就是法语蠢事（B ê tise）的音译。

陪在孩子身边，让他自己弥补过错

善意地看待孩子犯的错，并给他机会弥补过错。为了让你接受这种观点，我们可以想象这样一个场景：你在工作中犯了错，老板对你说："我受够了！你什么时候才能学会独立组织一场会议？什么时候才能不这么丢三落四的？赶紧去给我复印1300份资料，复印好了，今晚就走人！"你将会作何反应？再换种情况，如果在你交付给老板的工作里出现了纰漏，你希望他对你说些什么呢？

回答不言而喻，既然如此，我们凭什么认为孩子被责骂和惩罚后会取得进步呢？我们应该扮演的角色，是怀着同理心培养他们的责任感的人。我们的孩子不需要忍受痛苦、侮辱和惩罚，也同样可以学到知识、懂得道理，若我们能真正接受这一观点，那么弥补就很容易得到践行了。

对所有的电子设备，我一直都比较抗拒。当我不得不独自坐在电脑前学习新操作时，心里就慌得不行；一旦电脑没按照我所期待的样子回应我，我就会感到恼火；丈夫和孩子们给我讲过无数次的内容，我也很难回想起来……一句话，我真不是个好学生！

然而，我却很喜欢这样的时刻：我女儿高兴地坐在我身旁，放手让我自己去操作，即使犯错误也没关系。当我卡住的时候，她会跟我讲话，会温柔地指导我，好让我搞清楚是怎么回事：

"你看，你这个窗口打开着，挡住了之前窗口里开着的文件。你知道怎样把这个大窗口隐下去吗？"

"我该点那个叉号吗？"

“试一下。”

“哦不，该死！这下关上了！”

“没关系呀。你还记不记得怎样打开刚刚关上的文件？”

“啊，记得，我的确记得……”

“对啦！”

然而，想要实现这种交流，需要找到一种微妙的平衡点，而那个平衡点其实很难找到：如果我的女儿在我犯错前就介入了，那就前功尽弃了。如果她让我感觉到，她不喜欢坐在我身边，更愿意去其他地方的话，当然也完了！简而言之，我取得的所有进步，都以下列条件为前提：亲切陪伴、独立自主、允许犯错。

怎样让孩子产生责任感？

当孩子做了件错事（通常我们会称之为“蠢事”）时，倾听他而不是去评判他，这样才能让他自己承担起责任。

举个例子，假设你的儿子雷奥在早饭时打翻了装橙汁的杯子。当时的时间是八点十五分，三分钟后，你们得坐进车子出发去学校。你的第一反应会是什么？

现在，假设打翻橙汁的是你。可你马上就得出发去上班，所以没有时间用拖把清理。我猜想，你可能会一边拿厨用纸巾吸干地上的橙汁，一边对自己说：“今晚回来后我再好好打扫。”

那么，何不赋予孩子一样的权利呢？他也有权利毛手毛脚犯错误，他也可以像你一样弥补过错。

“哎呀！都掉地上了，杯子也碎了！雷奥，咱们三分钟后得出发！为了减轻损失，你该做点儿什么呢？”

“我要把我的餐巾放在上面，这样它就能把橙汁都吸走了。”

“这是个办法！只不过，我不太同意你这样做，因为那会弄脏你的餐巾，而且橙汁很难洗掉。”

“那我就用纸巾。今天晚上我再好好清理。”

“好的。到时候我再告诉你怎么使用海绵，这样下次你就会用了。快，用纸巾擦擦，然后穿上鞋子，出发！”

陪在孩子身边，让他自己弥补过错，而不是替他去做，这也是在指导他下次该怎样独立面对类似的情况。我们必须意识到，由于担心孩子没有我们做得好（就算他打扫了，地面也还是黏黏的，水池里还会躺着脏兮兮的海绵等）而急忙“替他去做”时，我们表现出的完美主义实则妨碍了他们学习新技能。这里涉及的问题，还是权衡重要性与本质目的。是的，家里保持清洁很重要，但最本质的目的，是让我们的孩子学会独立、学会自己保持这份干净与整洁！

当然，要想做到这一点，我们需要在子女做“蠢事”时保持冷静（这是可以慢慢学会的）。孩子会模仿我们的行为，这是他们自我启蒙、吸收经验的首要方式。如果我控制不了自己的情绪，如果我跺着脚大喊大叫，就不能要求自己的孩子带着责任感理智行事。一天，被儿子们的吵闹声搞得心烦意乱的我，像个泼妇一样情不自禁地闯进了他们的房间，对他们大喊道："别再这么鬼哭狼嚎啦！"那样的我，又有什么资格这样要求他们呢？完全没有！因此，当我走出房间关上房门后，孩子们的叫声再次响起，而且那声音反而更大了。

手机找不到了

我们把一个旧手机交给了儿子阿尔图，好让他在职业证书考试结束后给我们打电话，之后就没再想起手机这回事了。许多天后，他打算去爷爷奶奶家度假一个星期。他的爸爸让他把那个旧手机放进行李箱，他独自一人坐火车，我们需要确保他在需要我们时可以用手机联系上我们。可手机不见了，阿尔图把整个房间都翻了一遍，也没有找到。

于是，我的丈夫奥利维耶弄来了一张SIM卡，耗费了一整天的时间才把SIM卡、另一个手机，还有运营商的各种设置调试妥当。

就在阿尔图离开的当天晚上，奥利维耶在儿子的房间里发现了一个盛放食物残渣的塑料口袋，口袋最里面竟然是那个找不到的手机！当然，奥利维耶很生气！不过，他还是选择了平息怒火后再联系儿子。过了一会儿，阿尔图竟然先给我们打来了电话，奥利维耶让我把电话递给他：

"猜猜看，我在你房间的一个塑料口袋里找到了什么？"

"不知道……"

"你的手机！（阿尔图惊讶得说不出话来）你怎么看？"

"这事做得太不像话了！"

"是的，我同意，的确太不像话了！"（阿尔图又不说话了）

"你花了那么长时间给我调试另一个手机，还特意买了张SIM卡……呃，爸爸，对不起！"

——拉谢尔

现在，我们来设想一下，假如奥利维耶在找到手机后马上给儿子打了电话，并把愤怒统统倾泻在了他身上，会发生什么？一开始，阿尔图应该会想办法替自己开脱，这就意味着他不会主动承担责任。实际上，当展开自我辩解时，我们总会尽力寻找能够减轻罪过的理由，或者想办法把自己的责任推给别人。类似的反应可能会让他的爸爸更加生气。这通电话将在激烈的争吵中挂断，阿尔图既不会意识到自己的错误，也不会向爸爸道歉（或者不得以地表示下歉意，反正不会主动为之）。

相反，通过给儿子思考的时间，尽量不去打破沉默，奥利维耶让他通过反思意识到了自己的错误。

承认错误的勇气

我在马克西姆的作业本上签了字，正准备把它放回书包，突然看见里面有一件不属于他的玩具。我知道那是他一直想要的东西：自从他最好的朋友在过生日时得到了这个礼物，他和我提起它的次数就更多了。如果这件事发生在我参加工作坊活动之前，我一定会迫不及待地问他这是怎么回事，让他承认偷拿了别人的东西，并带着他去老师那里把东西还给它的主人。可现在，我决定把这件事视为马克西姆犯的一个错误，在道“晚安”时跟他好好谈一谈。

我坐在他的床边，对他说，当我们无法得到自己想要的东西时有多痛苦。我告诉他我特别理解这一点，因为有时我也会有这种感觉。我还对他说，看到好朋友收到的礼物正是我梦寐以求的那条裙子时，我有多嫉妒。这样一来，马克西姆既不会觉得自己被评判了，也不会产生被冒犯的感觉。

给他讲完我的遭遇后，我问他，对我刚刚讲的话，他有什么想法、什么感受。结果，他流着眼泪向我坦白了我所怀疑的事情：他偷拿了朋友的玩具。

我没有阻止他继续哭下去，对他说我很理解他，他一定特别想要那件玩具，完全控制不了自己。我并没有演戏——我是真的理解。我把自己想象成他，向他述说我面对同样的情境时可能会有的感受。我每说一句话，他都会抽泣着回应“是的。”当我把能想到的话都说出来后，我发现他不再哭了。接着，我问他，如果别人拿了他最喜欢的玩具，他会怎么样。

“我不高兴，我会很生气！”

“那么，卢卡斯今晚发现自己的玩具不见时，你觉得他会怎样呢？”

“他会很难过！”

“是的，当然！如果你是他，你会希望拿走你玩具的人做些什么呢？”

“呃，希望他把玩具还给我！”

“嗯嗯。”

“可是，如果我把玩具还给卢卡斯，他就会知道是我拿的，就不会和我做朋友了！”

“你会这样想吗？如果拿走你玩具的人把玩具还给你的话。”

“（沉默）一开始会这样的！可接下来，我就不知道了……”

“你希望他对你说些什么，才愿意和他重新做朋友？”

“我希望他跟我说清楚他为什么这样做，然后跟我保证以后再也不会发生这样的事了！”

“我觉得把玩具还给卢卡斯，再跟他说清楚这些话，是个很好的主意。你看呢？”

“好吧，我会把玩具还给他的，但这件事真难办！”

“我知道。明天课间时，妈妈会一直想着你。我会对自己说，我的宝贝儿子正在做一件很难很难的事，一件连很多大人都做不到的事。你真该为自己的勇气感到骄傲！”

第二天事情进展得如何，我不是很清楚，我并没有问马克西姆。但他回家时很高兴，这对我来说就已经足够了。等到了第三天，我问他：

“你从这件事里学到了什么呢？”

“我再也不会做这样的事了。”

“嗯嗯。我们要知道自己是个诚实的人，这一点很重要。只有这样，我们才能爱自己，不是吗？”

“是的……”

我们必须清楚教育孩子的目的是什么。也许，批评、指责这个孩子，带他去见老师，能阻止他再做同样的事情。可是，这样做并不能让他为自己的行为承担起责任，也无法让他明白我们为什么不该偷东西。这个妈妈成功地让孩子站在好朋友的立场上思考问题，并用这种方式弥补了自己的过错。

向孩子提问，指引他走上正确的道路

为了帮助孩子培养责任感，我们可以向他们提出一些开放性的问题，一些不能用“是”或“不是”来回答的问题。通过思索这些问题，孩子们可以组织语言做出属于自己的回答，而不是被大人们引导着得出答案。这些问题是发自内心的，而且满怀着走进孩子内心世界的诚意。提问时，语气必须温柔亲切，记住不要使用“为什么”这三个字，它具有一定的侵犯性而且容易引发负罪感。以下是一些问题示例：

“你认为，这种情况是谁造成的？”

“你想做的事到底是什么呢？”

“对于刚刚发生的事情，你有什么感受？”

“以后你打算怎么做？”

“你觉得怎样才能解决这个问题呢？”

简言之，不管我们提的问题是什么，关键是对孩子来说要有意义。

我们在外度假的一天晚上，我的一个儿子（当时16岁）找我们借10欧元，以和朋友在我们住的酒店“喝一杯”。由于当时身上没有零钱，我给了他20欧元，让他回头把那多出的10欧元还给我。

两天过去了，儿子还是什么也没还我。于是，我跟他提起了这件事。他满脸羞愧地承认，钱都花光了。而且，他还在没有经过我们允许的情况下离开了酒店。我对他说我心里很不安、很难过，我需要重新建立起对他的信任，只有这样，我们才能一起轻松地度假。我还问他，他打算怎样弥补他的过错。

“让我想想，”他对我说，“我最晚什么时候回答你？”

“就今天晚上吧。你觉得可以吗？”

“好的。”

当天晚上，我问他想得怎么样了，他回答我说：“你可不可以继续信任我，再稍微等一下？我给你准备了个惊喜！”我听到后，为他这个想法感到惊讶，还有点儿兴奋。

第二天早上，在我的早餐盘里，我发现了一个小皂盒（他就地取材），皂盒里卷着二十张小纸条（代表20欧元）。他要求我每天最多只能拆开一张。只见每张纸上都写着：兑换券（一个吻、一句温暖的话语、一杯茶、一个拥抱……）。

接受你的愤怒之情，让时间平复一切

当我们产生一种过激的情绪时，会觉得它像锅里煮沸的牛奶一样涌上来，而我们就这样被情绪淹没了。在肾上腺素和皮质醇（人体在紧张时分泌出的两种激素）的作用下，我们的心跳会加速，手臂和腿部的肌肉都会收缩起来。我们做好了进攻和战斗的准备，这种原始反应曾一次次拯救过人类的生命。

随后，情绪便释放出来了——再也没有位置盛放理智和善意，我们已经无法控制过激的情绪了。即便是快乐的情绪（当然这类情绪不会让我们具有攻击性），也能以同样的方式侵占我们，有时甚至吞没我们。回想一下曾经将你吞噬的爱意，想想自己在那时是怎样完全丧失思考能力的。正如布莱兹·帕斯卡（Blaise Pascal）所说："心灵所拥有的道理，不是理智所能理解的。"

我们可以采取以下两种方式直面过激情绪：

接受它们！

和孩子们一样，我们也有生气的权利，它不过是众多情绪中的一种，是你真实状态的表现。我们被某些行为、某句话所冒犯，因为它们重创了我们内心最私密的地方。于是，我们觉得沮丧、无力、不快，我们需要把这些都表达出来！我们完全可以把这种愤怒展现给对方，但如果冲着对方去，把愤怒之情直接“摔”到他的脸上，就不公平了。这种细微的差别很重要：有一种做法，既能让你表达情绪，也不会损害你和孩子之间（或者和另一半之间）的关系。

在“释放情绪”后，向对方做出回应前留出足够的时间

比如，我们可以马上对对方说：“听到你这么讲，我真的很生气。我需要点儿时间好好想想，我们一会儿再谈！”

如果用“土豆小人儿”的形式表达，就是下图的样子：

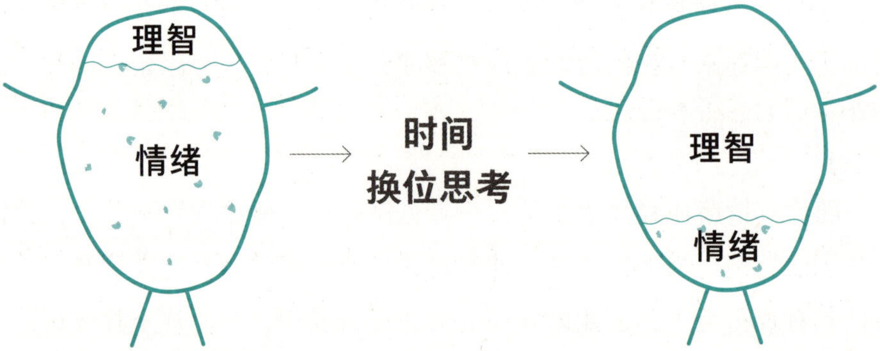

让我们受用的，对孩子也一定如此。当他们生气时，对他们讲什么道理都没用：在这种状态下，没人能够接纳理智。所以说，我们是不能以“趁热打铁”的方式解决问题的。

当我发现时间可以解决很多问题时，下面这句话几乎成了我的必说之辞：“我需要点儿时间，然后再回答你……”同样地，当孩子急着让你听他讲话或者背课文，而你正在集中精力做另一件事时，你完全可以回答他说：“好的，我知道你很想让我听你讲话（背课文），这对你很重要，

对我也很重要。我建议咱们半小时后碰头来做这件事，你看可以吗？”

这种做法的积极影响真的令人难以置信！如今，面对一个问题时，我的孩子们很少一上来就马上做出反应，他们几乎总会拿出一些时间去思考。“你需要我今晚回答你吗？”他们会问我，“明天给你答案行吗？”他们的做法简直是在送我一件珍贵的礼物！通过这种方式，他们可以解决问题、认真掂量自己的决定，并选择出一个最适合他们的方案。

仪式化：一个释放愤怒和思考自省的地方

有时，我们需要把这段思考的时间仪式化，这点很重要，比如，可以在家里专门准备这么一个地方。在埃莱娜家，大家一起在楼梯下布置了一个小壁橱，像温暖的鸟巢般接纳正在生气的孩子们；在阿莱克斯家，他的儿子会选择玩乐高，他的女儿则愿意听音乐；在米娅姆家，有个供大家思考的专用椅子……家家都有自己的独到之处！

家人一起就“生气”这个话题展开交流，往往是件很有意思的事。你可以解释给孩子们听，我们生气时身体会发生哪些变化，以及人类生气的方式都是一样的。如果有需要，你还可以把旁边那张图拿给他们看：孩子们对耐心的讲解有很强的接受能力，而这些讲解也会让你之后提出的意见更具意义。

接下来，轮到你参与其中了——告诉孩子们你喜欢采取的放松方式：“好的，那我们就说好啦！当我生气时，当我需要冷静一下时，我会去花园里走一圈……”每个人都得尊重这种自我调整的需求。这其实是在说：“我们都有生气的权利，你也是。有时，你非常生气，我尊重你的这种情绪。我不一定同意你说的话，但你的情绪属于你，我不会去评判它。你大可以用足够的时间去平复自己的心情。”

当我们没有时间平复心情时

其实，有很多小方法和小玩意儿，可以让我们在不伤害眼前人的情况下释放情绪（尽管眼前人往往是情绪的引爆人）：

· 在肢体语言方面，记住要向后退一些，以免把狠话直接“摔”到对方的脸上。

· 说话时尽量使用“我”（比如：要说“看到你自行车的惨状，我真的很不高兴”，而不要说“什么东西到你手里都没好，看你把自行车搞成什么样儿了！”）。

· 画出（我更应该说“乱涂乱画出”）你的情绪。拿出一张纸和一支铅笔，告诉对方：“我要让你看看现在的我有多难过。”你也可以用音乐来表达自己的心声。我曾在工作坊上认识一个名叫维罗妮卡的妈妈，她的儿子常做些无法用语言描述出来的噩梦。一天，她让儿子用钢琴“弹出”噩梦的内容，而从此之后，那孩子再也不做噩梦了。

· 给全家人准备一个抱枕，或者其他类似的软软的东西，再准备个网球拍或者乒乓球拍。如果需要发泄情绪，就用球拍去击打抱枕吧！雅克·萨洛美（法国心理学家和作家，生于1935）曾讲述过自己是怎样“把愤怒展现给女儿的：女儿在一个不该出现的时间里，没敲房门就走进了父母的房间，结果看到爸爸正在一边大喊，一边用网球拍击打抱枕。YouTube上就有这段很棒的视频，名叫“情绪：更好地理解愤怒！”

· 还有一种我个人比较青睐的方法，我把它称为“肢体同理心”法。

在家里，当我发现气氛不对、孩子们“互相招惹”或者气呼呼地放学回来并且什么也不想告诉我时，我常常会使用这种方法。我会对他们说：“咱们来打一架？”

具体要怎么打呢？面对面，伸直手臂，抓住对方的手，用尽全身力气互相推搡，一边推，一边大叫，一边发泄。提前要讲好的游戏规则是：不许打对方、不许掐对方、不许用脚绊倒对方。如果孩子很小，要注意推搡的力度。在这种打斗里，既没有胜方，也没有负方。

直到现在，我还常常玩儿这个游戏，和我最小的儿子（他现在已经比我劲儿大了，不过他很小心，不会伤到他的妈妈），或者和我的另一半。当我们彼此生气又不想用言语伤害对方的时候——要知道，那些言语有可能是具有毁灭性的——这个游戏真的可以让我们在松开双手时怒气全消。

另外，正如我之前所讲，在危机发生后和彼此沟通之前要留出足够多的时间。当我和孩子在早上出门前闹矛盾时，我们会相约晚上回来后（或者第二天）再讨论这个问题。可是，这样带着怨气分开，继而度过一整天，我觉得既可怕又不公平。所以，我们会互相“推搡”来表达内心的不满，并同时以这种方式建立心灵联系。这就好比是在说：“我真的很生气，但我爱你，你对我来说很重要。”如此尝试一下，你将发现，你再也不会带着负罪感与满腹的遗憾睡下，也不再会因为早上的争吵而度过一个糟糕的工作日！

引导孩子总结过错，吸取教训

还有一点很重要，那就是帮助孩子从错误中吸取教训，从弥补过错的经历中总结经验。但这一点不可以一蹴而就。根据错误的程度和孩子的年龄，我们要适度地选择晚一点儿的时间，问他这样一个简简单单的问题：“你从这件事里学到了什么呢？”

举一个相关的例子。我的一个儿子曾在某公司做了一份令人难以忍受的实习工作。在认真商讨后，我和他的爸爸决定不要参与其中，因此没有去找公司的负责人。**我们觉得，职场本来就是残酷的，我们的儿子需要通过直面成人世界而让自己变得强大。但是，我们一直都重视的，是让他感受到我们的存在，是在他情绪低落时用心倾听他。我们从没给过他什么建议，我们所做的，就是陪在他身边，就这么简单。**

几个星期后，我和儿子谈起这段痛苦经历时，问了他那个经典的问题：“你学到了什么？”他想了想（我说过了，我的孩子们从来不马上回答我），对我说：“以前，我常常会怀疑自己。我知道，青春期的孩子们都慢吞吞的，怕苦怕累。你给我讲过激素的事儿，的确是这样。可是即便如此，有时我还是会问自己，我真有那么懒惰吗？这个问题让我很苦恼。多亏了这次实习，我知道我并不懒惰，反而很勇敢、很吃苦耐劳。这就是我学到的！”

如果我没有向儿子提出这个问题，他很可能不会把这段经历付诸语言，更不会归纳自己的这些发现并铭记于心。

使用非暴力沟通

在三个星期的时间里，我曾十分有幸地追随马歇尔·卢森堡学习。这段经历彻底颠覆了我的人生，以及我和孩子们还有我和先生之间的关系。

非暴力沟通主张释放我们内心真正的情感意识，它立足于以下四个基本要素：

· 我观察一件在某种具体情境下实际发生的事情：对方的哪些言语和行为，造成了我的舒适或不适？

· 我表达出自己的感受：我难过吗？高兴吗？忧虑吗？生气吗？

· 我要想清楚，是自己的什么需求导致了前面的感受。

· 最后，我向对方提出请求。

以上每个步骤都很重要，而且需要扩充。如果想对此有更多的了解，你可以翻阅马歇尔·卢森堡和托马斯·德·昂桑布尔（非暴力沟通培训师）的著作。

这里，我想和大家简单谈谈情绪（或者说“情感”，非暴力沟通不对两者进行区分）这个话题。马歇尔·卢森堡认为，情绪是对某种需求的表达。比如，当我写这本书时，我感到很开心，整个人充满活力，那是因为我的一种内在需求得到了满足——传承的需求。产生一种令人舒适的情绪，其实就是某种需求得到了满足。相反，如果产生一种令人不适的情绪，则意味着某些基本的需求没有得到满足。

比如，我对孩子没有整理房间觉得很恼火，因为我对干净整洁的需求没有得到满足。这时，我可以对他说：“当你随地乱扔衣服又不铺床时（观察），我会很恼火（感受），因为我需要家里干干净净、整整齐齐（需求）。能不能请你叠好被子、收拾下衣服呢（请求）？”根据卢森堡的理论，通过这种沟通，我建立了“从心灵到心灵”的对话。我讲到了我自己、我的感受和我的需求。我既没有随意评判，也没有命令对方：我只是表达了一个请求，对方可以接受或者不接受。如果我的请求没有在对方的世界里产生“回音”，我可以继续跳起“对话之舞”，直到我们听到彼此的声音，尊重彼此的需求。

一般来说，快到中午或者晚上放学回家时，我的孩子们往往会情绪紧张、易怒。总而言之，他们往往很烦人！这常会让我产生许多不悦的情绪，然而，把注意力集中于此是毫无用处的，因为他们没有得到满足的基本需求，是饥饿！在此类情境下，我必须理解：我和孩子的攻击性，都不过是一种未被满足情绪的表露而已。

同样，我意识到，有时我之所以大喊大叫，是因为我有一种强烈的需求：休息和放松。明白这一点后，一切都变得不一样了！我终于懂得，想要改变这种状态，“在别人身上下功夫”是没用的。我需要做的，仅仅是把吸尘器放回壁橱，再拿出一本书悠闲地读起来。就这么简单！

如此一来，我终于可以站在儿子的立场上，接受他对篮球教练的怒气了。因为，我最终了解到，在他的狂怒背后，隐藏的是一种深深的悲伤，对没能入选下一场比赛的悲伤。他没被满足的需求正是人类最基本的需求之一（仅仅排在吃、喝、睡的后面）：被认可。

非暴力沟通的实际运用

当我还在一所中学里做医护工作时，一天，我接到了拉法埃尔妈妈打来的电话，当时拉法埃尔正在上初中一年级。在一场争吵中，同班同学让-夏尔这样侮辱了他的儿子：“该死的犹太人，去焚烧炉里死吧！”经过校长的同意，为了避免犯错的学生被开除，我约好了两个孩子和他们的家长，在几天后的某个晚上于学校门口见面。陪让-夏尔来的，只有他的妈妈，而拉法埃尔则和爸爸妈妈一同出现了。气氛非常紧张。让-夏尔的妈妈一副严阵以待的样子，拉法埃尔的父母则表现得忧心忡忡。我一边感谢每个人的到场，一边开启了对话。我对让-夏尔说：

“让-夏尔，我之所以让大家今天都过来，是因为之前发生的那件事很严重。你知道我想说的是什么吗？”

“是我对拉法埃尔说的话。”

“是的。你还能清楚地记得你对他说过什么吗？”

“我骂他是‘该死的犹太人’。”

“是的，你还接着说了‘去焚烧炉里死吧！’，是这样吗？”

“是。”

“我猜想，你之所以能说出这样的话，当时一定特别地生气。你那会儿好像正在和拉法埃尔吵架吧？也许，你完全控制不了自己了？”

“是的。”

“所以，你就想用语言伤害他，因为你的拳头做不到这一点，是吗？”

“嗯，是的。”（我看到让-夏尔放松了下来）

“你成功了！有时，语言比拳头更厉害，更有杀伤力。你呢，拉法埃尔，你这边是什么情况？当让-夏尔那样说你时，你有什么感受？”

“我不知道。（沉默）我可能有点儿害怕，我不太清楚。我当时想打死他。是学监把我们拉开的，可我什么都没对他说。”

“现在，你理解到底是怎么回事了吗？”

“是因为他也害怕我，他想保护他自己。”

“是这样吗，让-夏尔？”

“是的。”

“让-夏尔，告诉我，你想不想知道，当拉法埃尔的爸爸妈妈知道这件事后，他们是什么感受？”

我在让-夏尔的眼里读到了惊讶。过了一会儿，他低声说：

“好吧。”

“夫人，您能不能给我们讲讲，当拉法埃尔给您讲述这次事件时，您的感受是怎样的？”

“我很害怕！”拉法埃尔的妈妈说。

“为什么会产生恐惧心理呢？您能不能跟我们具体说说？”

“我的外公外婆都死在了集中营里，我妈妈由于去了乡下别人家而幸免于难。我有了孩子后，经常会做噩梦，梦见我的孩子也遭遇这样的事情。这件事让我想起了这些。是的，我为我的孩子们而心生恐惧。”

我用眼睛偷偷观察着让-夏尔。他什么也没说，却一个字都没有漏听。我觉得必须严肃对待这类辱骂，便接着说：

“现在，怎样才能平复您的恐惧呢？”

“我希望让-夏尔知道他自己说的话意味着什么。”

“好的。让-夏尔，你知不知道自己说的话意味着什么？”

“呃，知道。是第二次世界大战。”

“好的。具体来说，在这场战争里发生了什么？”

“犹太人遭到了迫害。”

“是的。你知道吗？在现在，根据法律，你说的话已经构成了侮辱罪，说这种话的人需要支付一大笔罚金并且进监狱。你还是个孩子，惩罚可能会有所不同，具体情况我不太清楚。但拉法埃尔的爸爸妈妈是可以控告你的……现在，想想看，你怎样才能弥补自己的过错。”

“我可以在全班同学面前做个关于‘二战’的发言吗？”

“这是个好主意！大家怎么看？拉法埃尔？”

“我不知道。也许吧，可我不想帮他！”

“好的！您呢，夫人？”（我问拉法埃尔的妈妈）

“我不同意让-夏尔的办法。我想让他明白，为什么不可以这样讲话，即便是在想保护自己的时候。”

“让-夏尔，你提的建议非常好，可我觉得，第二次世界大战这个题目太大了！在这座城市里，曾经有一个和你们一样大的男孩儿在集中营里被毒气毒杀。你愿不愿意给全班同学讲讲他的故事？”

我看到让-夏尔积极性高涨起来：“愿意，我愿意！”让-夏尔的妈妈说：“我可以帮他。不过得麻烦您告诉我们，应该去哪里查找相关的资料。”

事件就这样告一段落了。我和让-夏尔的妈妈通过很多次电话，还向她介绍了不少专家。最后，让-夏尔做了那个发言。几天后，我把他叫到办公室，问他：“你从这件事里学到了什么”？

“我以前并不知道集中营是那样的。当我想象那个小男孩儿的样子时，心里很害怕。他身边甚至都没有爸爸妈妈的陪伴。那一定很恐怖。我不明白怎么可能会有把孩子们关进毒气室的爸爸。我以后肯定再也不会说那样的话了。（沉默）对了，我让妈妈给我报名参加明年的空手道班了。你觉得这主意好不好？”我不禁大笑起来。

为什么要在谈过非暴力沟通后讲这个故事呢？因为我的整个处理过程都旨在使让-夏尔意识到那些话语的严重性，继而促使他有意识地弥补自己的过错。

为了对让-夏尔表现出同理心（一开始，这并不容易做到，我故意把碰面安排在了事件发生的几天后，我需要时间来平复自己的情绪），我问自己，他是出于什么感受，才能大喊出这样的言语呢？答案是：他觉得自己无能为力，他害怕了。在这样的话语背后，隐藏着他怎样的需求呢？自我保护。拉法埃尔妈妈的感受是什么？恐惧、焦虑。背后的需求又是什么？保证孩子的生命安全。她怎样才能满足自己的这种需求？确信让-夏尔明白了自己言语的过分之处，后悔自己不该说出这样的话。

练习

回忆一些你曾经犯过的错误，以及它们是怎样使你取得进步的。

我曾犯过的一个错误

我学到了什么

我曾犯过的一个错误

我学到了什么

我曾犯过的一个错误

我学到了什么

第六堂课
犯错是孩子的成长机会

本章小结

犯错是学习与成长的好机会。父母要赋予孩子犯错的权利，也要引导他们独立自主地弥补自己的错误，习得新技能。

我们需要在子女“做蠢事”时保持冷静，亲切陪伴，并学会用倾听和非暴力的沟通方法指引孩子走上正确的道路。

如果有条件，请给孩子准备一个释放愤怒的思考自省的地方，让它更有仪式感。

特别练习

1. 互不伤害的愤怒表达法。

2. “错之力”：回忆你曾经犯过的错误，以及你从中学到了什么。

第七堂课

学会正确惩罚

我们责罚一个人，惩罚一种行为。

——让 - 玛丽 · 伯蒂克莱尔

（天主教教士、巴黎综合工科学校毕业生、特殊教育教师，生于1953年）

惩罚，是为了践行承载价值理念的规则

孩子们破坏规矩时，其实是在以一种蹩脚的方式表达内心的痛苦。当他们不遵守我们为他们设立的条条框框时，我们不该自以为是地为他们设定界限，满心觉得这样会给孩子带来安全感。我想说得更清楚一些：最能让孩子产生安全感的，是父母给予他的爱与关注，而不是什么界限！为了感受到我们和他们之间的这一紧密联系，他们会采取一种十分有效的战略方式：不听话！既然如此，我们还应该在孩子破坏规矩时责罚他们吗？

法语中“Punition”一词源于拉丁语“poena”，意思是“责罚”“处罚”，其中包含着痛苦、羞辱和由于惧怕苦难而屈服的意味。它代表一种被过去禁锢住的，为某种罪过赎罪而应做出的反应。

孩子被责罚后，可能会：

· 心生怨恨，有时还会产生被不公对待的情绪，并对父母失去信心；

- 产生反抗的意识（“他们让我做什么，我偏偏对着干，我要让他们知道，他们不可以强迫我乖乖听话！”）；
- 试图说谎，隐瞒真相（“下回肯定不会被他们逮到了，我什么都不说，他们就没法冲我发脾气了！”）；
- 降低自我认同感（“既然爸爸妈妈惩罚我，就说明他们对我不满意，说明我很没用！”）。

而“sanction”一词源于拉丁语“sancio”，意思是“我付出”“我通过一种宗教行为而变得不可侵犯”，也有“惩戒”的意思。另外，这个词还包含一种“效力”的概念，比如，我们可以用它来表达“获得学历，意味着上完了所有大学课程。”实际上，它旨在强调对规则的理解和吸收（比如法律），并期望破坏规则的人可以为此负责。

我的朋友琼·帕妮提到惩戒时，说它是一种帮助孩子“垂直成长”的行为：“我们有个女儿，在她小时候，有一天，突然抱怨起我对她的惩罚。说来也巧，那会儿，院里有棵小树正好需要个支架。于是，我带她来到院子里，告诉她，如果没有我们的帮助与爱，这棵树可能会断掉，长得歪歪扭扭，在恶劣的气候条件下变得脆弱无比。我一边给小树安支架，一边对她说，它很漂亮，支架唯一的目的就是陪伴它成长，因为我知道它凭借自己的力量可以长成参天大树。我们母女共同做的这件事说明了一切，女儿完全明白了我想借这棵树和它的支架表达什么。那个时刻真是太美好了！”

选择协调一致的惩戒方式

为了让惩戒有效地发挥作用，必须让它和它所惩罚的行为具有关联性。如果孩子把床板蹦断了，惩罚他下午不可以去朋友家玩就是无效的；如果他辱骂了弟弟，惩罚他不许玩电脑简直没有任何用处。相反，如果他由于前一天晚上玩儿电子游戏而导致历史考试分数很低，我们则可以禁止他在一定的时间内碰电脑。

需要注意的是，我们有时会用一些惩罚来威胁孩子，虽然明知道它们太过严厉而无法施行。惩罚措施必须是可行的、对孩子而言具有一定的意义，并且以一种尊重的、善意的、坚定的方式表达出来。它实际是一种非暴力约束手段，旨在教育孩子养成责任感。

走上责任之路

我第一次参加工作坊时，整个家庭生活都随之发生了改变。两年后，我再次参与其中，这次是和丈夫一起。在倾听别人的过程中，我更加深入地回顾了这两年来走过的路。我意识到，自己已经很久没有惩罚过孩子们了。确切地说，我甚至再也没使用过“弥补”这个词：我们只需要就发生的问题好好谈谈，之后一切就自然而然地走上正轨了。家里的每个人都主动承担起自己的责任，不论孩子还是大人。

——加布瑞拉

提前讲好的惩罚

在魁北克法语里，人们既不说“punition”，也不说“sanction”，而是用“consequences”这个词来表示惩罚。如果哪个家长对孩子破坏规矩的行为不予理睬，那么他就是个“inconsequent”（不懂惩罚孩子）的家长。

首先，我们最好鼓励孩子将自己的违规行为看作一个有待弥补的过错。然而，有时候（特别是一开始），他不太愿意或者并不知道该怎样配合。这种情况下，我们要尊重他的选择，并且清楚地指出接下来要发生的事：“好吧，我看到了，你不想自己弥补错误，我尊重你的选择。你知道结果是什么：一个星期不能碰电脑。下一次，你说不定会做出不一样的决定。”

也就是说，孩子在一开始就了解违规（违反你们共同制定的规矩）会给他带来什么后果，并由此提前判断出自己将会受到怎样的惩罚：

“咱们说好了的，你要在晚上八点睡觉，可现在已经八点半了。接下来要怎么办？还记得吗？”

“呃，记得，明天要提前半个小时睡。”

“非常正确。明天就看你的了，七点半睡觉哟。”

当然，一定要避免如下情况：由于某个家长的原因（比如没有按时准备好晚饭），导致孩子无法履行承诺。否则就无从说理，更别说践行规则了！

找到践行规则的勇气

为了尊重彼此，我们全家人共同决定严格遵守时间。我们的儿子卢卡斯当时正在参加艰苦的篮球训练，他的球队入选了法国冠军联赛。由于比赛将在马赛举行，有两个家庭自愿驾车送孩子们和教练员过去。到集合时间时，卢卡斯没有出现：他正在和朋友们在城里闲逛。我让所有人都走了。我想，这是我作为父亲所做过的最为艰难的决定之一：卢卡斯迟到了十分钟，他没能参加比赛。

——亨利

怎样决定惩罚方式？

在不同的家庭里，同样的动作、话语和行为完全可能代表不同的意义。家长该采取怎样的惩罚方式，取决于被破坏的规则，也取决于具体的家庭环境，真的没有一个放之四海而皆准的答案！在决定惩罚方式前，先判断一下，孩子的违规行为到底动摇了什么（比如你对他的信任）。接下来，你就可以按照以下步骤行事了：

给自己点儿时间

别在问题出现时马上惩罚孩子，以免你因为生气而对小错误实施大责罚。用你最习惯的方式，先冷静下来再说（比如去花园里转转或者到洗手间走一圈）。

换位思考

冷静下来后，尽量站在孩子的立场上，和孩子谈谈：“我想，你一定特别特别生气，所以才把哥哥的积木全都打翻了。”与此同时，请记住理解并不代表接受。正如海姆·吉诺特[1]所说：“所有的情绪都是合理的，但并非所有的行为都是可以接受的。”

表达出你的感受

比如，对你的孩子说：“我觉得很难过、很伤心，因为你没能尊重咱们家的价值理念。”

让孩子自己弥补过错

在必要的时候，问问孩子：“你觉得该怎样修复你和哥哥之间的关系？”总的来说，就是和他一起找出他的行为破坏了什么。（为了帮他找出弥补的方法，你甚至可以直接向他提问：“是什么遭到了破坏？”）

如果弥补是不可能的，就明确地说出惩罚措施

“你决定不弥补自己的过错。好吧，那今晚之前，你都不可以和哥哥一起玩儿了。”

1. 见第二堂课。

找到建立信任的最好方式

热雷米在一次考试中作了弊，老师惩罚他抄课文。爸爸对儿子的作弊行为很不高兴，想让儿子懂得这一行为的坏处。可是，他觉得抄课文和作弊一点儿关系都没有，怀疑这种惩罚方式无法阻止热雷米继续犯同样的错误。于是，他决定去见老师，并给老师来一场“小工作坊”。

老师非常尊重热雷米爸爸的想法，两人叫来了热雷米。他们对他重申了问题所在，告诉他应当尊重诚实这个价值理念。接着，老师表达了自己的感受：“发现你作弊时，我真的很伤心，因为我是那么地信任你。你看，你破坏的，是我对你的信任。那么，你觉得该怎样弥补过错呢？”

在这个班里，老师建立了一个仪式，热雷米对此很清楚：每周，老师都会让一个自己信任的孩子为画画课准备颜料。自然而然地，热雷米提议，下个星期，由他来给全班同学的颜料杯填颜料。

在一次讲座中，当我讲完热雷米的这个故事时，有位听众大声说：“如果惩罚方式是让孩子做喜欢做的事，那也太便宜他们了吧？”我们要搞清楚的是，在这个事件里，我们的最终目标是什么？如果是重建信任的话，那么我们的目的就达到了！惩罚的结果必须是足够体面。不涉侮辱的，只有这样，孩子才能意识到自身行为的错误，领会规则，产生责任感。我和热雷米的爸爸持有同样的看法：抄课文无法达成这一目标。

犯错：学习的契机

换位思考

↓

拿出时间休息、调整（在一个专门的地方）

↓

换位思考

↓

提出开放性问题（你可以帮助孩子找出答案，但不能把答案强加给他们）：

“你怎么看自己的做法/态度？你到底想做什么？

你觉得对方是什么感受？你认为自己有没有尊重某个价值理念[1]？你认为怎样做才能弥补过错？如果受伤的人是你，你希望对方做些什么？”

注意：避免提出以“为什么”开头的问题，注意自己的肢体动作和表情。

↓

给孩子留出思考的时间

↓

你可以选择

或者

↓

寻求解决办法

由孩子自己

由你和孩子一起 当问题反复出现时（比如：不做作业、经常迟到……）

↓

头脑风暴

或者

↓

法律、法规和合同（注明惩罚措施）：孩子负起责任，接受规则。惩罚措施必须有一定的意义，而且和孩子犯的错误相关联，与犯错程度成正比，让孩子生成责任感（而不是负罪感）。

晚些时候：

“你从这件事里学到了什么？”（最本质的问题：因为它能让孩子总结经验、吸取教训）

1. 见第十堂课“家庭使命图”。

练习

面对孩子犯的错，也许你和我一样，常常懊悔自己没能按照预期的那样做出反应。也许，你说了过分的话，因为你当时正在气头上；也许，对你来说，找到一个好的、合适的、与所犯错误相关联的惩罚措施太难（因此，我觉得引导“弥补”的办法更简单易行！）。

现在，我来和大家分享一个让我受益匪浅的小窍门，它的理论基础是魁北克人所说的“创造性惩罚”。实际上，惩罚的方式有很多种：

· 逻辑式惩罚

“你弄洒了苹果汁，所以要清理干净。”“他应该晚上九点回家，但是九点半才到。所以，下次他得提前三十分钟回来。”“她在一个不该玩电脑的时间玩了电脑：明天，她不可以碰电脑。”

· 自然式惩罚

他没上桌吃饭，饭后一个小时就觉得饿了，你对他表现出同理心：“我知道你饿了。如果你愿意的话，可以喝杯水。我相信你可以坚持到下午茶的时间。”她花掉了所有的零花钱，没钱和朋友去看电影了，你只需要重申一下规则：“你知道，你出去玩儿的钱是要自己出的，只能等下个月了。是啊，下个月这部电影就下线了，我可以想象，你有多沮丧！”这就足够了。我想说明，最后没必要加上一句令人恼火的“我早就跟你说过了！”（或者更糟糕的：“跟你哥哥学学，他从来不一下子花光自己的零花钱！”）

那么，当孩子第N次把外套弄坏时该怎样惩罚？当你拿着吸尘器站在门口，看见房间里乱七八糟时（而你明明清清楚楚地要求过孩子整理房间），又该怎么办？当你们到达武馆时，你的女儿突然发现自己没带柔道服，你该做何反应？或者，晚上七点时，你可爱的儿子突然想起来，明早的班会，该由他负责带点心，你又会怎样？在这些情况下，困难在于孩子无法自己解决问题：缝补外套的是你，把玩具推到一边的是你（如果你想继续吸地的话），跑去旁边的食杂店的还是你……

在此类情况下，你可以采用“创造性惩罚”措施：你估算一下解决问题所需的时间，再让孩子以提供服务的形式把这部分时间还给你。比如：“我回家去给你取柔道服，这要用掉我三十分钟的时间。星期六，你得拿出半个小时的时间，在家帮我干活。”

回想一下最近几天你和孩子的争吵，想想自己在发火时都说了什么、做了什么。这样回顾时，你觉得自己的反应合适吗？如果不合适，你认为应该怎样做、该给孩子哪些惩罚呢？

我建议你每天拿出一点时间来，分析自己在类似情况下的反应，思考应该怎样行事才对孩子具有建设性的意义。我们可以通过这种以自我为导师的学习方式，提高自己的即时反应力。

第七堂课
学会正确惩罚

本章小结

惩罚，不是指向人，而是强调为规则负责，它是一种非暴力约束手段，教育孩子养成责任感。

为了让惩罚有效地发挥作用，父母必须学会“创造性惩罚”：与被惩罚的行为具有关联性，切实可行，对孩子而言具有建设性的意义。

父母需要学会非暴力沟通技巧，把惩罚以一种尊重的、善意的、坚定的方式表达出来。

特别练习

1. 自省练习。回想你和孩子的争吵，想想自己在发火时都说了什么、做了什么。现在看这些反应合适吗？如果不合适，应该怎么做呢？

2. 创造性惩罚练习。结合已经发生的事情，思考应该怎样行事才对孩子具有建设性的意义。

3. 同理心沟通与引导练习。当孩子犯错时，与孩子认真沟通：“你怎么看自己的做法 / 态度？你到底想做什么？你觉得对方是什么感受？你认为自己有没有尊重那个价值理念？你怎样才能弥补过错？如果受伤的人是你，你希望对方做些什么？”

第八堂课

顺势养育，激发孩子的天赋

怎样培养天赋？为什么要培养天赋？

小时候，我特别喜欢扮成图书管理员。我把我所有的书都放到一起（我还是有不少书的，因为我是个读书迷），把它们全部过一遍，在每本书里都夹上一张写有简介的小卡片，再把它们摆放在房间里的各个地方。最后，我“假装”有读者走进我的图书馆，我接待他，问他想找什么书，给他推荐好几本符合他需求的图书，再仔仔细细地讲解书里的内容、详详细细地复述书中的故事。我也喜欢扮老师，做的事情基本差不多，给我的学生们讲好多好多故事。此外，我还会扮妈妈。作为妈妈，我最喜欢和孩子共度的时刻，就是睡前故事：先是画册，接着是故事书，然后是罗尔德·达尔[1]的书，还有《你往何处去？》[2]或者《大裂谷》[3]……

我本以为自己一辈子就是个普普通通的护士了。我用了那么多的时间与精力遇见了那么多人，才最终明白了自己的才能所在——我会做的，我能“自然而然”做好的，就是通过讲故事来传承。我花了三十年才意识到这个事实！现在，我为家长们组织工作坊，我举办讲座，我还在写一本书。一句话，我讲了很多很多故事，我为此感到无比快乐！

我们常常想当然地以为，为自己设定的目标越艰难，取得的成功就

1. 罗尔德·达尔：英国杰出儿童文学作家、剧作家、短篇小说家。代表作有《查理与巧克力工厂》《詹姆斯与巨人》《好心眼巨人》等。
2.《你往何处去》：波兰作家显克维支作品，长篇小说，通过一对男女的爱情故事及其大背景再现了基督教兴起与罗马帝国瞬间衰落的历史真相。
3.《大裂谷》：法国作家、探险家罗杰所写的三部曲小说的第一部，讲述了高山向导和富家女之间的爱情故事。

越大。但研究表明并非如此：那些最成功的人，往往是最了解自己的人。他们知道自己有多大的能力，所以设定的目标往往比实际能力稍微高那么一点点。相反，那些不太成功的人往往不清楚自己的实际情况，订立的目标要么太高，根本就没有可行性，要么远远超出了自己的能力。

什么是天赋？

这是一种先天的才能，是生命给予我们的礼物，比如画画、音乐或者唱歌的能力出众；这是一种从事某项具体活动时具有的异乎寻常的能力，自然而然就能做得完美无缺；这是在某个特殊领域的自在自如，而这份自在自如，孩提时便早已有之，远得我们都难以记起。天赋，要么生来就有，要么永远没有！

天赋，还指那些我们可以在某些领域正向发挥的人格品质，比如好奇心、毅力、沟通力等。

天赋，将我们和快乐相连！一个活动、一件事，如果你每次做时都很快乐很成功，那么，它就是你的一种天赋。你刚刚组装了一个架子，心里觉得很满足，但是并没有心情明天再做一次，那么，在家里修修弄弄绝对不是你的强项！同样，即便你给孩子讲明白了除法是怎么回事，为此感到非常高兴，但如果大部分情况下，别人很难理解你解释的事情，那么，这也不是个天赋！相反，如果你在做雕塑时活力四射，那你就在雕塑方面具有天赋，我们可以说你有艺术细胞。

陪伴孩子认识自己

无论是何种情况，仅仅有天赋是不够的：只有不断地雕琢天赋、用知识和技能发展天赋，才能将它转换成长处。比如，有些人是天生的销售奇才，但如果他们不学习相关知识和技巧，总有一天会遇到瓶颈！

我们的孩子拥有着独一无二的天赋，这种天赋将伴随他们一生。面对这些天赋，我们本该着力培养、称赞有加，让他们意识到自己的与众不同，因为他们可以如此轻松地做那件事；然而，实际上，我们却往往把这些才能看作自然而然的，转而将重心放在纠正他们的"缺点"（"他注意力不够集中"，"她笨手笨脚的"，"他太爱生气"）上。要知道，**帮助孩子发现自己擅长的领域，不但可以让他们更清楚地认识自己，还能为他们打开新的视野，继而让他们找到生活的意义和前进的方向。**

我们认为，那些从小就知道自己想做什么的人是幸运的。这些人往往更为乐观，更具活力和精力，更有自信。那么，我们就该陪伴孩子建立这种意识，陪伴他们察觉自己的个性，发现自己的优点和天赋！怎样做？观察他们！看他们是怎么玩耍的，高高兴兴地记录下他们的自发行为。

让我们回忆一下文森分享的经历（第四堂课）："晚上，我表扬了于戈当天的表现。我向他描述了我观察到的情况：他是怎样和顾客打招呼的，怎样用逗趣的话语和他们拉近距离，怎样适度地直视对方的眼睛。听到我的这些话，他自然很高兴。但据我所见，这些赞美不但让他觉得高兴，而且还让他受益匪浅！总之，我想他是发现了自己的一大天赋！"

就是这么简单。接下来，我们要帮助孩子通过学习与工作发展这份天赋，让他们成为那个领域里能力最强的人。

另外，找寻孩子的天赋，还可以颠覆所谓“教学方向”的教育理念。别再询问哪几所学校最好或者哪类工作最吃香了，要知道，我们的孩子将要从事的工种，有70%至今还未出现呢！那么，就让我们努力去发现他们做得好的、喜欢做的、天生就爱做的事吧！

再者，那种认为应该不惜一切代价成为复合型人才、认为只有“什么都会”才能获得成功的想法，着实不太正常：成功源于被放大并发展到极致的天赋，而非被矫正的弱点。

发挥长处：成功的关键

三十岁时，布鲁诺在公司晋升到了重要岗位。老板的确欣赏他，才会把这个岗位交给他。不过，他还是常常埋怨布鲁诺在和员工打交道时，不懂倾听和换位思考。于是，为了改正这一缺点，布鲁诺参加了各种关于沟通交流的实习培训。他确实取得了一些进步，但是，一旦身处火热的讨论中，他的激情就会猛蹿上来，强势专制的他又回来了。

后来，布鲁诺渐渐地意识到了自己的天赋，并明确总结了出来：实际上，他是一个完美的领导者，具有创造力、创新性，直率真实。在发现了自己的长处后，他再也不刻意培养并不属于自己的能力了，而是在身边安排了很多善于处理人际关系的员工。接下来，他开始全情投入到自己擅长的事情上，并参加了各种各样的培训，力图将自己的天赋（领导力、创造力、创新性、直率真实）发挥到极致。

如今，十年过去了，布鲁诺已不仅仅是分公司的负责人了，他已经成为了整个公司的管理者，还不忘时常和员工们开自己沟通能力差的玩笑！

发挥天赋，让生命更有意义

把自身的长处发挥到一项艰巨的任务中，可以获得心流体验，享受有意义的生活。

——米哈里·契克森米哈赖

和我们所认为的恰恰相反（或者和娱乐社会想让我们以为的相反），我们最快乐的时候，不是在度假时或者在电视前，而是当我们极致发挥自己的长处和天赋来完成一项任务时（参见契克森米哈赖于 1997 年所做的一项研究）。这种具有创造性的状态被米哈里·契克森米哈赖（积极心理学研究专家，加利福尼亚克莱蒙特大学教授，1934 年出生）称为“心流”或者“最优体验”。

正是在那样的时刻，我们才能展现出最好的自己。我们甚至会在事后说：“时间怎么这么快就过去了，我都没意识到。”因为我们极度专注，全身心地投入到了我们所做的事情里，被当下所吸引而忘却了烦恼和疲惫。在那种紧绷的状态下，我们自觉精力极其充沛，甚至忽略了周围的一切。

达到这种“心流”状态意味着找到了一种平衡：在我们自身能力和完成任务需要克服的困难之间找到平衡。这是我们给予自我的挑战，需要我们在不超出能力范围的情况下，施展才能发挥天赋，继而拥有更有意义的生活。

实际上，如果没有一个合宜的、有意义的、要求我们付出些许努力的事件来刺激我们的大脑，我们就会陷入一种胡思乱想的状态，会不停地围绕同一种想法和同一个问题打转。我们甚至会感到心情糟糕、烦恼倦怠、麻木不仁（如果你有处于青春期的孩子，也许可以从这些描述中看到他们的身影吧？）

相反，如果我们需要完成的任务过于复杂，超出了我们的能力，我们就会感到焦虑。“心流”状态也是烦忧（它要求我们加大挑战难度）与压力之间的一种平衡（它要求我们要么提高自身能力，努力达到目标，要么在一开始就定下一个更容易实现的目标）。

为了达到这种“心流”状态，我们需要：

· 订立清晰明确的目标

想要达到这一条件，就得确立一个具体的挑战事件，并且选定一个具体的时间。比如，“周六为朋友们准备晚餐”，或者“上钢琴课，为了在奶奶过生日时为她弹奏她最喜欢的曲子：贝多芬的《月光奏鸣曲》”。

· 事后马上复盘

这样我们才能有机会对自己说：“我达到目标了！”

· 在挑战和我们自身能力间找到平衡

换句话说，订立的目标既能鼓舞人心又并非无法实现，既是一种激励我们超越自我的挑战，又不要求必须完美完成。实际上，由于害怕犯错而产生的紧张感，与心流体验的状态是不相容的。因此，孩子们在校园生活中或者具有竞技性的活动里，是很难感受这一状态的。相反，这些活动的真实体验，往往是一种束缚，甚至是一种惩罚。

· 确保目标的自发性，并非被他人所强加（或者叫“内在目标”）

这样的目标与我们内心深处的价值理念紧密相连，对它的追求也是令人愉悦的（比如：加入一个协会、发挥艺术天赋）。相反，当我们努力达成外在目标时，动力则来自外在因素（如：金钱、名望、事业、社会和家庭的期待）。

当我们的孩子进入“心流”状态时

当然，根据孩子的个性、天赋和年龄，我们会在不同的时刻观察到他们的心流状态。对于我的孩子们来说，那可能是在他们摆出一个乐高模型时，打赢一场篮球赛时，阅读一本书时，完成复杂的悠悠球动作时，或者盖出一座小棚屋时……等年龄再大些，他们往往在玩电子游戏时能够有这样的体验。如果我们仔细探究，就会发现，他们之所以能在玩游戏时进入“心流”状态，是因为他们正在发挥和玩乐高、打篮球、盖棚屋一样的天赋：建造一座城市、和别人一起玩（网络团队作战）……**其实，在一定程度上，电子游戏就是为了获得“心流”体验而设计的：目标清晰、明确、可行，需要投入智力找到解决方法，完成挑战，而且马上即可复盘知道结果！**

至于我，我的“心流”状态，则来自我和家长们分享的工作坊，来自我举办的讲座，来自我书写这本书的时光（就在此时此刻，家人们正在叫我吃饭，我让他们耐心等我会儿）。我知道，我正在运用自己的天赋，我的目标是可以实现的：这是我自己订立的目标，没有任何人把它强加于我。即便如此，这个目标还是需要付出很多努力才能达成的！

然而，我们作为家长，却为了使孩子免于受苦，阻碍他们付出努力、完成他们为自己设定的挑战。就这样，我们通过过度帮助，为他们避开了艰难的任务，让他们始终生活在一种优越的环境里，而不去激励他们通过奋斗争取自己想要的东西。要知道，进入“心流”状态，也是在感受战胜困难后的喜悦！

在《习得幸福》一书中，塔尔·班夏哈（哈佛大学积极心理学教授，1970年出生）写道：“我们甚至应该尽量避免为孩子提供优越的环境……没有争吵、障碍和不幸，他们的生活就无法变得丰富多彩……由于混淆了‘努力’和‘痛苦’的概念，我们大大损害了他们获取幸福的能力。”

练习

我们家的老四，为了做出复杂的悠悠球绕线动作（比如埃菲尔铁塔形状），常常一练就是好几个小时，这让我和丈夫都惊讶不已。他从小就喜欢玩玩具车，然后是越来越复杂的乐高模型：他喜欢把堆好的积木摆在那儿，一天接一天地持续堆下去。他也爱参加集体运动，特别是篮球。由于很看重友情，他身边总是围绕着一群常来家里吃下午点心的“哥们儿”。只要他有空，就会骑着自行车去找他们。

我们认真倾听了他的所思所想：在我们之前的谈话中，他曾表示过，对他而言，真正有意义的东西，是持久的、不会被时间冲刷的、看得见摸得着的、具体的、和谐的、慷慨的。所以，当老师们反对他选择建筑职业技术学校时（老师们的理由是“他又不是成绩不好的学生”，这是他们的原话），我们作为家长，立场坚定地支持了他。接下来，一切都很自然：他通过自己的努力成为环法工匠训练学院的细木工匠师。

用同样的方法，观察你的孩子。他喜欢自发做些什么？他在哪些时候最专注？问问他：“你做这件事时，是什么让你感受到了快乐？”帮助孩子找到问题的答案，可以给他提示，但不能把你的答案强加给他。他的所思所想可能会吓到你，但不要因此而气馁。把以前的发现都记在下面，然后再慢慢补充以后的发现。

想要把孩子最喜欢的活动做好，都需要哪些天赋？

通过这个练习，你的孩子将拥有一张自身天赋手绘图：就像那些航海家们，他们一点点地绘制出世界地图，画出每一个岛屿、每一块岩石。你将就此发现孩子的所有才能，继而看到他的长处。这些长处，是他的天赋所在，造就着他的独一无二。

第八堂课
顺势养育，激发孩子的天赋

本章小结

每个孩子拥有着独一无二的天赋。成功源于被放大并发展到极致的天赋，而非被矫正的弱点。

如果某件事孩子喜欢做，并且经常与快乐和成功相伴，那就是孩子的一种天赋。作为父母，我们需要观察他们，帮助孩子发现自己擅长的领域，让他们更好地认识自己，找到前进方向。

▶▶ 特别练习

1. 帮孩子察觉自己的天赋：观察你的孩子，看他喜欢自发做些什么，哪些时候最专注？问问他：“你做这件事时，是什么让你感受到了快乐？”完成孩子的“天赋手绘图”

2. 引导孩子把自身的长处发挥到一项有挑战的任务中，能帮助孩子获得心流体验。

第九堂课

通过家庭会议建立家庭民主

孩子的家庭权利已被写入法律

从黑暗的中世纪起，都是父亲掌管着家庭的权威和全部权力。但是，近几十年来，家庭发生了巨大的变化，并由此促进了相关法律的更新发展。法国 1970 年 6 月 4 日颁布的法律，规定了父母共有权威。再晚些时候，1989 年 11 月 20 日，《儿童权利公约》由联合国大会通过，并于次年在法国批准施行。以下是该公约的第十二条内容：

- 缔约国应确保有主见能力的儿童有权对影响到其本人的一切事项自由发表自己的意见，对儿童的意见应按照其年龄和成熟程度给以适当的看待。
- 为此目的，儿童特别应有机会在影响到儿童的任何司法和行政诉讼中，以符合国家法律的诉讼规则的方式，直接或通过代表或适当机构陈述意见。

然而，在法国，真正给予孩子在家庭中的新地位的，是于 2002 年 3 月 4 日通过修订的《民法典》第 371-1 条款而颁布的法律："家长权威是以保护儿童利益为目的的一系列权利和义务。在儿童成年前，它属于父亲和母亲，用以在尊重儿童人格的前提下，保障其安全、身体及道德健康、受教育和进步发展的权利。参照儿童的年龄和成熟程度，家长需适当将与其相关的决定予以告知。"

当然，关于儿童的违规行为（如侮辱，见第六堂课），我们也可诉诸法律；另外，民法鼓励我们建立家庭民主这一点，着实令人兴奋。

组织家庭会议，用过的人都说好！

对于所有树立正面权威的家长而言，家庭会议都是个极其重要的工具。它是一段家人共度的时光，大家一起交流、做决定，思考并画出“家庭使命图”（见第十堂课），表决通过即将施行的规则、管理当下的冲突、分配各自的任务、选择度假的地点、探讨集体或个人项目、建立不同的仪式（见第一堂课）等等。

一个你再也无法舍弃的习惯！

一开始，组织家庭会议最大的困难在于说服每个家庭成员参与其中。别气馁，万事开头难，实际上，对孩子们来说，这种会议是种全新的模式（除非他们很幸运，在班上拥有此类沟通交流的时间）。另外，有时面对家庭会议要求他们表现出的责任感，孩子们也会有所排斥。的确，与这种形式相比，父母单独做个决定要简单得多，然而，这样做出的决定，却可能受到孩子肆无忌惮的贬损，导致他们赌气发牢骚！

在那些排除最初困难而成功召开过会议的家庭中，我从未看到过一家在日后放弃这个习惯的。所有采取这种做法的家庭都表示，和之前父母单独做决定的情况相比，他们的家庭氛围更好了，家人之间更为尊重，孩子也增强了责任感，大家对家庭管理都充分发挥了想象力！

一旦养成了习惯，我们就可以时不时地召开会议了：可以每周一次（比如每周二的晚上或者每周日的下午）、半个月一次或者一个月一次。在一些家庭里，家庭会议并不是定期召开的，而是在有需要时才用来探讨某个具体情况或者做出一个共同决定。要求召开会议的人，可以是任意一个家庭成员。

有时，当一切都很顺利时，我们可能会“忘记”召开下次的会议。一旦有新的问题出现时，我们自然会重新召开家庭会议！

大有裨益的家庭会议

在建立家庭认同感和家长认同感方面，家庭会议所扮演的角色太珍贵了。在它的帮助下，为人父母的我们取得了很大的进步，获得了真正的自由，也能更好地管理日常生活中的紧张情绪和“攻击性”了。

——卡特琳娜（几个大孩子的母亲）

我们的第一次家庭会议是围绕吃饭这件事展开的，因为我们总会在晚饭时闻到火药味（注意，我说的是过去的事）。那次会议的议程是：“怎样才能让四个人度过美好的晚餐时光？”我们在一个周六的晚上，边喝开胃酒边召开了会议。孩子们提了一些解决方案，我们也是。最后，大家共同签署了一份合同（巴吉尔把它称作“诗”），直到今天，那张纸还在厨房贴着呢！

孩子们对这件事的态度极为严肃。我不得不说，从此以后，我们的餐桌上再也没出现过麻烦。他们再也没在吃饭时站起身、手舞足蹈、打嗝或者假装放屁了。在我离开餐桌时，他们甚至还会记得提醒我遵守规则！我们表扬了孩子们，他们真的做到了。

——梅拉妮

怎样准备家庭会议？

订立日期、时间和会议时长

一般来说，家庭会议的时长是半个小时左右，但具体时长取决于孩子的年龄和需要探讨的话题。我参加过的时间最长的家庭会议持续了一个半小时，但那次是极特殊的情况，而且参与其中的孩子都是青少年。

在会议上营造节日氛围！

你了解自己的孩子，知道他们喜欢什么。我的家人和我，都比较喜欢吃着下午茶或者喝着开胃酒开家庭会议。但在有些人家里，吃东西会占据太多的注意力，并导致秩序混乱。如何营造氛围，由你视具体情况而定！

制定好会议议程

不要太贪心：一般来说，一个话题就足够了！有些家庭会使用一个盒子，每个人都把自己对下次会议的特殊要求写在一张小纸条上放进盒子里，比如谁先洗澡、谁可以用手机或看电视、一日三餐的准备（我经常把菜单放进会议议程）等等。你也可以和家人探讨如下话题：

- 度假的安排（征询父母和孩子的意愿）
- 节日的准备
- 房间的布置
- 每个人在餐桌上的位置
- 意愿的表达（零花钱、宠物，等等）

· 常见问题的解决

· 对家庭价值理念的思考

· 家庭会议的组织（地点、时间、方式、运行规则，等等）

那些正在考虑画张“家庭使命图”的家长，或者是已经开始画图的家长，也可以在家庭会议上拿出几分钟的时间谈谈这个话题，说说你们正在做什么，心里都有哪些疑问。这样一来，孩子们也可以在比较主动的状态下，自然而然地参与其中。

你还可以针对价值理念展开思考，对大家说说你的看法。我在学校做护士时，曾经通过一个小游戏和学生们探讨过这个话题，也许你也可以和孩子们试一试。

这个游戏是从一个故事开始的：“假如有一天，你家的房子着火了。消防员告诉你只能拿出一样东西。你会选择什么？”孩子们的答案就是他们生活里最重要的东西，也就是他们的价值理念。如果你的孩子对你说他想救出他的电脑，你可不要生气哦！对你来说，电脑不过是个工具。而对属于另一代人的孩子来说，电脑的意义远不止这些。这台机器里有很多重要的内容，比如照片：它可以让他们学到新知识、玩网络游戏（既是和他人之间的联系，也是人类的基本需求之一）。关于电脑，你也可以对孩子问得更深入一些，比如：如果你的电脑没了，你最想念的会是什么？

一天，一个学生给我的回答是“我的吉他”。我马上夸夸其谈起来，因为在我看来，他的理由太显而易见了：他是个音乐家，音乐在他的生命里是最最重要的！“完全不是这样的，”他对我说，“要是房子烧了，就意味着我们什么都没了，也没钱了。我拿走吉他的话，可以在路边弹琴挣钱，帮爸爸妈妈再盖座房子！”他那时才十岁半。他当时表达的，是何其重要又根本的价值理念啊！

选出一位主席和一位秘书

这两个角色可以由家庭成员轮流扮演。

主席负责召集所有人，宣布会议开始，公布会议议程（如果轮到孩子扮演这个角色了，一定要确保他知道会上该谈些什么话题）。他还负责通过传递讲话棒（见第二堂课）来控制每个人说话的时间（见下文）。作为一个“时间卫士”，他可以使用闹钟或者沙漏（这里也是一样的，由你来选择一个适合自己家庭的方式）。

四五岁的孩子就可以开始做主席了。把这个任务交给一个小孩子来做，其实是在送给他一份礼物：想象一下，如果从小就学会了主持会议，他将在未来的职业技能学习中节省多少时间！

至于秘书，他负责把日期、议程、问题和决议记在一个漂亮的本子上，这个本子将成为你们家最有纪念意义的宝贝！会议结束后，秘书会让所有人都签上名字，用这种方式将每个人履行大会决议的承诺落到纸面上。那些还不会写字的小朋友，可以按个手印或者画幅代表自己的小画儿。

孩子只要会写字了，即可胜任秘书这一角色。别去注意他的字写得好不好看，有没有拼写错误：现在不是该做这些事的时候，否则，孩子在家庭会议上的创造力和积极性会大大削减！

一个非常珍贵的本子

我们家有四个青春期的孩子，家里经常吵吵嚷嚷、闹闹哄哄，当我心力交瘁时，当家庭会议讨论过的问题再次出现时，家庭会议记录本就会像根“救命稻草”般被我牢牢抓住。我会翻开那珍贵的本子，用心查看我们共同签署过的内容，这能让我变得坚强、平静与笃定。

——玛丽

会议的流程是怎样的？

家庭会议是家人探讨重要话题、做出统一决定的时间。在讨论的过程中，大家努力做到彼此理解，真诚相待，没人比别人地位更高或更有特权。为了让在场的所有人都对他人表现出同理心，你们可以围成一圈坐下来，并使用一根讲话棒（见第二堂课）：这可是个至关重要的工具！卡罗尔·洛克斯特（亚利桑那州切罗基族医生）这样评价圆圈坐法：“围坐成一圈的目的是，让每个人都勇于在一个安全的、彼此信任的环境里讲实话，没人高人一等，所有参与者都是平等的，圆圈既没有开头，也没有结尾，大家说的每句话都以同样的方式被接受和尊重。”

家庭会议可以由一段“感恩时刻”开始或结束，也可以是其他积极向上的内容形式。即便你们没能解决会上所谈的问题，也要在规定时间内中止讨论，在美好的氛围中结束家庭会议（要么共同感恩，如果会议开始时没有做这件事的话，要么可以简单提起一个令人愉悦的话题）。

在最初的几场家庭会议里，我们可以对一段美好的时光、一个美好的发现，甚至是对自己表达感激之情！渐渐地，在父母的示范下，孩子们也会懂得向他人感恩。当然，最困难的，是兄弟姐妹间彼此怀有感恩之心。但是，只要父母积极努力，这个目标最终还是可以实现的！

此外，主席一旦宣布会议开始、公布会议议程，就要把话语权交给指出问题或者提出话题的那个人。这样一来，后者便可以清晰地阐明问题了。接着，每个人再分别表达自己的看法。因此，一般来说，一个话题就足够了，特别是当参与的孩子很小时，说不定，同样一个话题，我们需要回过头来谈上好几次呢！

一只变成猫的狗

很长时间以来，孩子们都嚷着要养只小狗。毫无疑问，当我们开始召开家庭会议时，这件事通过“意见箱”成为我们讨论的第一个话题！作为父母，我们还是很郁闷的，因为我们不想在家里养狗。不过，家庭会议毕竟是要讲民主的嘛！

在整整两个月的时间里，每次家庭会议上，都会出现这个关于狗狗的话题，它简直成为我们家的主旋律了。对此，孩子们表现出了极强的创造性：他们提议在洗手间贴一张大纸，每个人都可以在上面写出自己的想法，写明自己准备做出的承诺以及养狗可能引发的问题。又过了两个月，我们的意见终于达成了一致：养一只猫！

——贝朗热尔

最后，每个通过家庭会议确立的决定都必须得到大家的一致认可。这其实也意味着，有时，为了做出一个正确的决定，我们需要开很多次会。不紧不慢地达成一致再做出决定，不仅是这本书倡导的主要理念之一，也是家庭会议的一大原则！

第九堂课
通过家庭会议建立家庭民主

本章小结

家庭会议是个极其重要的工具。那是一段家人们共度的时光，大家一起交流和做决定：表决通过即将施行的规则、管理当下的冲突、分配各自的任务、探讨集体或个人项目、建立不同的仪式、画出家庭使命图等。

在那些排除最初困难而成功召开会议的家庭中，从没人日后放弃这个习惯。所有采取这种做法的家庭都表示，和之前父母单独做决定的情况相比，他们的家庭氛围更好了，家人彼此更为尊重，孩子也增强了责任感，大家对家庭管理都充分发挥出了想象力！

▶▶ 特别练习

提前确定好会议日期、时间和会议时长，制定会议议程，选出主席和秘书，围成一圈坐下来，由一段“感恩时刻”开始一次属于你们的家庭会议，然后用一段“美好时刻”结束它。

为人
他人
方式
看法
好奇心
接受
倾听
鼓励
热情
善心
性
友谊
新朋友
老朋友
欢迎
好奇心
邀请
旅行
思想
书信
信息科学
敬意
有时间
有意愿
有精神
有能力
乐高
互助
合作
三餐
铁板烧
节日
组织
惊喜
爱
尊重
快乐
喜悦
拜访
邮件
书信
意义
感恩
幸福
句子
意愿
身心灵
承诺
慷慨
信任
诚实
生态
蜂鸟
花园
支持
居所
安全
开放

关于____________________的家庭会议决定

本次会议主席：

本次会议秘书：

经过全体家庭成员共同参与，按照平等民主的议事规则共同讨论，并且协商一致，达成如下决定（在没有用新的家庭会议决定修正以前，所有人必须遵守这些决定）：

协议时间：

签约人：

第十堂课

画出你的家庭使命图

为什么要画家庭使命图？

当我们想颁布一项新的法案，赋予本国居民或公民以及他国侨民某些权利、帮助他们直面困难时，需要以宪法为参照。同样，许多公司也制定了自己的章程，来定义所有员工共同的价值理念和目标。当领导层想做出符合逻辑的合理决策时，特别是向员工表述新要求时，他们往往会参照公司章程。

家庭使命或家庭宪法（具体名字由你来决定）的作用也是相同的。它以家庭的价值理念、行事原则和具体需求为基础，规定每个家庭成员的权利、义务和责任。如此，当你作为家长为家庭制定当下或未来的行动计划时，当你不得不做出日常的、平凡的，抑或特别的、特殊的决定时，都可以参照家庭使命图。有了它，你就可以避免踏入情绪化、失衡和目光短浅的陷阱，你对孩子提出的要求也会更具意义。

画出使命图后，你说的将不再是“应该……”，而是“我想……”：你再也不需要写什么规则，而只需教育孩子拥有责任心，践行共同达成的承诺，构建合作互助的家庭观念。要知道，我们应该传承给孩子的，不仅仅是具体的技术技能，还有更为重要的软技能。

如果你能真正画出一张使命图，你的家庭必定可以从中获得永恒的力量，无惧生活的一切艰难险阻。当然，完成这样一件事，需要很多的投入和思考，也会占用大量的时间。可是，作为一个养大了五个孩子的妈妈，我很清楚，没完没了地争论有多耗时，反复出现的冲突又有多耗神！

重新定义价值理念，在日常生活中感受更多的快乐和信心

尊重，是我和丈夫共有的价值理念。在我们的家庭使命图里，尊重有一个分支名叫“尊重家人的身体”。在这一方面，我承诺为家人准备健康、营养均衡的三餐。当然，我以前也是这么做的。不过，真正发生变化的，是我做这件事时的心理状态，它甚至彻底改变了我的家庭氛围：我准备三餐，再也不是因为“这是我应该做的”，而是因为我想做、我决定去做，出于爱，对孩子们的爱、对丈夫的爱，还有对我自己的爱！自从我们就这个话题共同展开思考后，家人们常常主动来给我帮忙，而且是怀着感恩之心。现在，上桌吃饭时，我总能听到他们说：“谢谢妈妈！”这就是幸福！

——艾洛蒂

一天，16岁的马克桑斯问我，他可不可以和朋友去参加音乐会。我的第一反应是拒绝：我觉得他还太年轻，和他一起开车同行的人我都不怎么认识，怎么可能放心？我不知道他在现场会遇到什么样的人。而且，我觉得音乐会太吵、太伤耳朵了。当然，我还担心他沾上酒精和毒品！然而，马克桑斯回答我说：“爸爸，你总是在说，独立是咱们的家庭理念之一。可是，独立，不只和那些讨人厌的事有关！我已经16岁了，我知道哪些事不可以做，哪些事我做不来。你要明白：要么让我彻底独立起来，要么就不要让我独立！”话都说到这份上了，我已经没法不答应他了。

于是，我提起了家里的另一个价值理念：责任感。接着，我们达成了共识：他可以去参加音乐会，前提是，他保证一到现场就给我打电话，而且接下来在那边度过的两天晚上都要向我报平安。能和儿子达成这个协议，我觉得很自豪！

到达目的地后，马克桑斯马上就履行诺言给我打了电话，之后的一切都很顺利。他不在的那几天里，我想起了我们就信任这个话题在工作坊上说过的话。完全信任我的儿子，对当时的我来说真的很难，但之前和其他家长的交流确实给了我很大的帮助！

——格莱戈

思维导图五步法，画出你的家庭使命图

我建议你一步一步来。寻找思路时，你只需要一张草稿纸和几支水彩笔。到你觉得准备就绪时，再用书末的那张大纸画出你的家庭使命图。

思维导图或心智导图

我想，你们中应该很少有人认真思考过，是哪些价值理念在紧密团结、环环连接着你的家人。开始的时候，你可以和另一半一起（如果孩子由你们共同抚养），或者独自完成这个练习（如果你是一个人抚养孩子）；等你把家庭使命图的初稿画好后，再让孩子们参与进来。

作为一种工具，思维导图（或心智导图）能完全呈现出我们的神经

元活动，通过运转大脑这台“机器”，提高我们的创造力。比如，当你想到“船”这个词时，脑子里都会出现什么？几十条记忆从四面八方涌现，词汇、画面、味道、情感和回忆交织在一起。

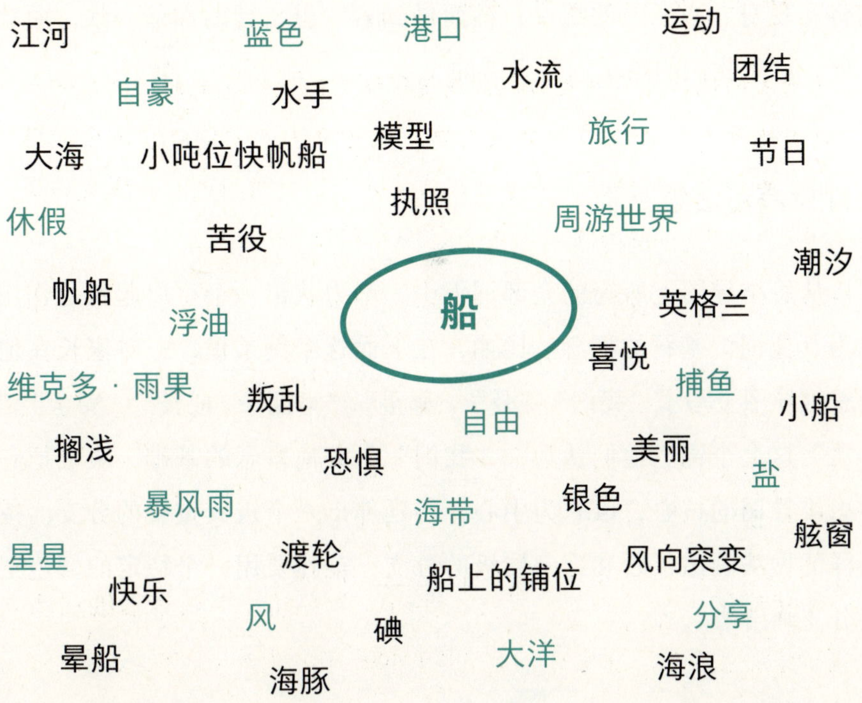

在草稿纸的正中央，写上“家”这个词（或者另一个代表全家人的词，比如“我们”或者“我们家”）——这是你们家庭的“心脏”。接着，在周围写上所有出现在你脑海里有关家庭的价值理念——这一步就涉及大脑层面了。你需要问自己的问题是：“我本能地将哪些最基本的价值理念和我的家庭连接在了一起？”如果需要帮助，你可以使用第一章里的价值理念列表。接下来，放飞你的思维，自由自在地把临近的概念结合起来。

请注意，在你的思维导图里，不要写太大的概念，也不要写太具体的行动（也就是“身体”层面的内容）：比如，即使共同用餐对你来说极为重要，它也不可以被画进思维导图。“身体”层面的内容该如何在你的使命图中得到体现，我们稍后再进行讲解。最后，通过这一工具，你将实现身、心、灵的统一，继而做到言、思、行的和谐一致，而这种一致，也是我们的孩子们所必需的。

家庭使命图之第一步

从思维导图上所写的全部词汇中，努力找出一个可以起核心作用、成为其他词汇基石的概念。比如，在下面这个例子里，一对家长在他们的思维导图上写了“我们”“爱”“尊重”“幸福”“成长”“安全”“身心灵”这七个词。他们认为，“我们”是其他概念的基础，决定把它作为思维导图的核心；以它为中心，再延伸出六个极其重要的分支。按照同样的做法画出核心和第一层级的分支，记住要用一个特定的颜色把这些分支画出来。

第二步

再一次自由发挥创造力，大胆地关联处理每个关键词。比如，从“尊重”这个分支上，你可以再分出“合作”和“互助”两个分支，一定要用另一种颜色画出来哟。

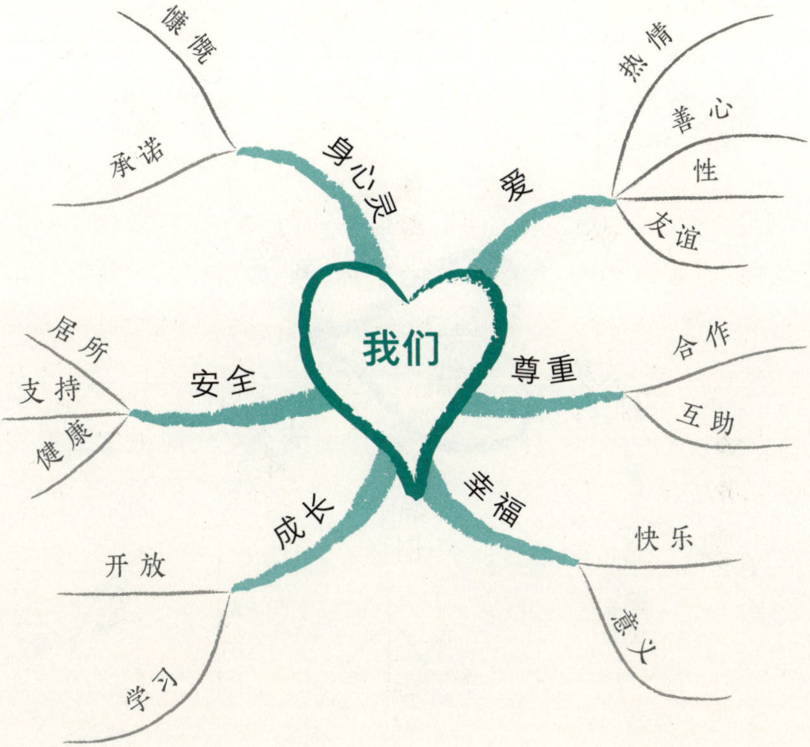

第三步

使用图画或符号，用第四种颜色更为细致地表达你们的需求和价值理念：对你们来说，到底什么是真正重要的？比如，在下图中，父母两人极致详尽地描述了第二层级的价值理念（如：承诺，是什么意思？意味着什么？包含了什么？）。

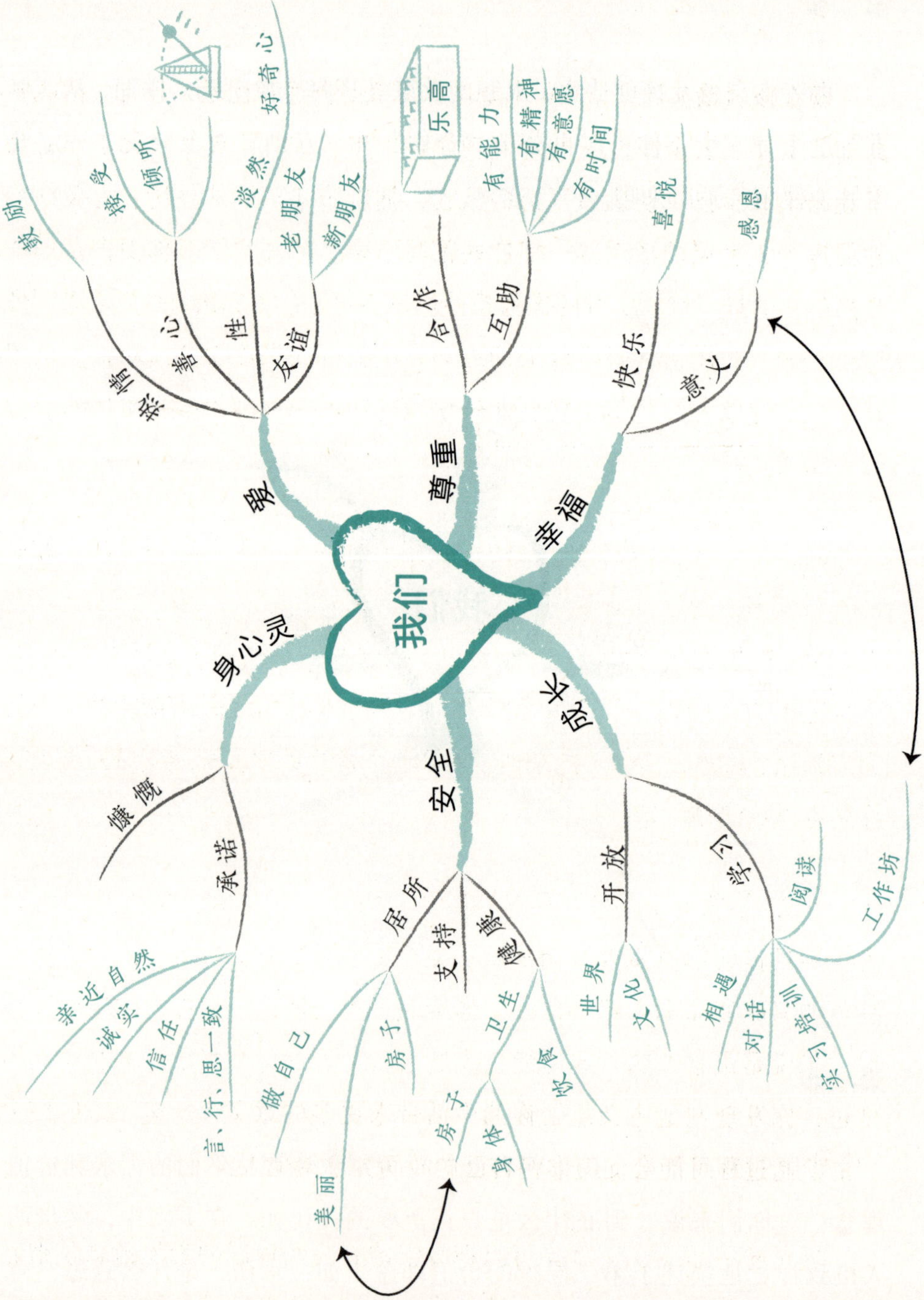
我们
爱
情感
鼓励
善心
接受
倾听
个性
淡然
好奇心
友谊
老朋友
新朋友
尊重
合作
乐高
互助
有能力
有精神
有意愿
有时间
幸福
快乐
喜悦
意义
感恩
成长
开放
世界
文化
学习
阅读
工作坊
相遇
对话
实习培训
安全
居所
做自己
房子
美丽
支持
健康
卫生
房子
身体
饮食
身心灵
慷慨
承诺
亲近自然
诚实
信任
言、行、思一致

第四步

现在该付诸实践了。怎样才能让你写下的价值理念融入日常生活呢？比如，责任、安全或成长的价值理念可以和工作关联起来：你工作是为了让家人和自己享受健康平衡的饮食，拥有干净舒适的住所，有条件参加促进个人发展的活动等。把这些都写下来，即便它们对你而言是理所当然的！这样一来，所有的优越条件都将不再是“本就该有的”或者“理所当然的”，而是你日常努力的结果。从长远的角度看，这对孩子也很有意义：有朝一日，他们能更加轻松地将职业选择与对家庭责任的承担关联起来。

同样地，让生活充满意义的求知需求可以和以下内容相关联：你拿出时间读书或者参加有利于个人发展的实习培训，孩子们每天早上都要去上学……把这些全都记下来！也许，从此以后，你的孩子之所以去上学，不再是因为“应该去”，而是因为在上学这件事的背后，联结着一个更为广阔地、超越我们自身的东西。如果孩子日后出现怀疑或气馁的时刻，你还可以提醒孩子这一点！

总之，第四步是个特别具体的步骤：为了让你的价值理念具有生命力，为了满足你的本质需求，你都做了什么（或者准备做些什么）？统统写在你的家庭使命图上吧。也许，你会做出新的承诺，比如：你发现友情对你来说是最重要的，你可能会决定拿出更多的时间和最好的朋友共同度过；你发现利他主义能给你的生活带来更多的意义，那么，家庭使命图的绘制过程可能会促使你将自己的时间分享给他人。

通过这一步骤，你尤其可以把日常的行为和深层的价值理念联结起来。每年，你都要做那么多的事：安排度假、去探望孩子的祖父母和外祖父母，还有家务活、体育运动和孩子们的拥抱。所有这些事，都可以出现在思维导图上；这样一来，无论对你还是对孩子而言，它们都将更具意义。当你把这些日常行为画在使命图上并和相应的价值理念相关联后，给孩子具体讲讲家庭使命图是怎么回事，告诉他们你都是怎么做的，再让他们也参与进来——你可以选择在一次或者几次的家庭会议上讲这件事。也许，孩子们会告诉你一些图上还没有的价值理念，那就快和他们一起把它写进思维导图吧。

通过这种方式，规矩将变成他们自己做出的承诺：这是从顺从和服从过渡到责任感的过程。从此以后，你的孩子或许会骄傲地说："我做这些事，不是因为我应该去做，而是因为我决定去做！"或者"没法践行的价值理念，我再也不会贴出来"。比如，正式画好家庭使命图后，他们再想要时尚的篮球可能就没那么容易了，因为我们知道，那些篮球是由童工们在非人的工作条件下制作出来的。由此可见，使命图可以帮助家里的每个人做到言、行、思一致，不做有悖于基本价值理念的事。

最后，继续放飞你的创造力：在家庭使命图的价值理念旁，加上图画或者符号，将思维打开到极致。在前几页的例子里，画思维导图的父母在"合作"后面画上了乐高，用以象征两个孩子在合作过程中所需的互补性和凝聚力。

第五步

家庭使命图画好后，需要注明日期并由每个家庭成员签字确认，这点非常重要，能体现出承诺的意味。即便是还不会写字的小宝宝，也可以通过画画或者按手印来完成签字。在上图中，每个大人都用自己的"动物图腾”签了字。

有些家长决定把使命图贴在厨房里，以便它时刻影响家人们的日常讨论；还有些家长把它贴在了通向卧室的走廊上，以便它时刻留存在每个人的内心深处；我还在有些人家的客厅里见过家庭使命图……总之，选一个你认为最合适的地方贴上使命图，只要保证它能被家人们看到就好！

出于厌烦，孩子们常会质疑我们做出的决定。然而，这张大家共同签署的使命图就贴在所有人都能看见的地方，它时刻提醒着孩子们（也在提醒着家长们），家是在怎样的基石上建立起来的。这能帮助每个家庭成员坚定信念，即便是在面对激烈的争吵时。

当孩子对家里没有糖果、蛋糕或冰箱里空空如也表示不满时，我家的家庭使命图常常能救我于水深火热之中。为了表示对地球的敬畏，我们家只在有机商店购物。然而在当时，由于有机食品还没广泛普及，我们七口之家的零食甜点花销真的很大。当他们拿自家的零食储备和朋友家的做起比较时，我完全理解他们的沮丧心情。多亏了使命图，那时我需要做的，只是提醒他们，这是我们共同做出的决定，如果你们对这个决定有所质疑，我们可以在家庭会议上重新讨论——抱怨声马上就不见了！今天，我可以说，我一生中最骄傲的事情之一，就是看到我的孩子们始终坚守并时刻践行着高尚的、满怀社会责任感的价值理念。

在实践中，家庭使命图还可以让孩子懂得什么是言出必行，并让他们了解到：如果没有履行诺言，将会受到怎样的惩罚（见第七堂课）。就这样，他将在尊重他人的同时，变得越来越温文尔雅、通情达理。作为父母，如果你没有遵守家庭使命图里所画的承诺，也必须想办法弥补或者接受相应的惩罚。

另外，如果大家已经通过家庭使命图做出了承诺，就没必要再制定一个什么内部规章制度了，后者往往冗长繁复，而且常常引发冲突。

最后，把日常所为落在笔头上写出来，这些事情就不再那么平凡无趣了。**用这种方式可以帮助孩子们在日常生活中自我构建继而长大成人，激励我们每个人都心怀敬畏、尊重他人。**

结论

“六岁看到老”？不，我们随时可以采取行动！

我带孩子那会儿，几乎找不到几本有关家庭教育的书籍，更没有工作坊和父母交流会，家长们根本就无处诉说自己的困难、困惑和沮丧，更无从得知怎样才能做出新样子。和很多妈妈一样，我惊异地发现，自己竟然照搬了父母的姿态和做法，即便我认为其中有些行为都是有害无益的。因为除此之外，我并不知道自己还能怎么办。

当时，有本名叫《道森博士的育儿圣经》的畅销书，作者是美国心理学家菲茨休·道森，法译本书名是《六岁看到老》（1972 年）[1]。正如你们所想象的那样，单单这书名就足以让我在孩子们满七岁时倍感压力！接着，当他们步入青春期后，我意识到有时自己的态度并不得当，但又没有能力采取另一种态度，于是，我常常陷入深深的罪恶感中。

今天，作为几个已经长大成人的大孩子的母亲，作为很多个孩子的祖母（外祖母），我以自己的经验之谈，以自己学到的知识告诉你们：“六岁看到老”的说法并不正确！生命往复，无休无止，它是一个漫长的过程，在这个过程中，我们不停地自我重塑、自我再造，力求更好地适应各种新的环境。我们的孩子们也是如此。

1.《六岁看到老》：原版标题：*How to Parent*（Nash 出版社，1970 年）。法译本译者：伊冯·葛夫雷。

当然，如果你的孩子还是个小宝宝，如果你能掌握我这本书里的全部内容，肯定更容易实现和谐的家庭生活，但仅仅是更容易而已。

一种可以随时执行的行动

我对自己说：如果能在很早以前，在孩子们还小的时候参加积极工作坊就好了，这样肯定能让我避免好多错误！不过，说这些话时，我并不觉得难过，因为，几周来学到的东西真的让我陷入了沉思，继而采取行动改变现状，用另一种态度倾听他人，即便我才刚刚起步。

——卡特琳娜

不久前，我遇到了一位爸爸，他刚刚送走了自己的老父亲。他对我说："你知道吗，阿涅丝，我爸爸刚刚教会了我该怎样死亡……事实真的是这样，身为父母，永为父母，我们时时刻刻都在教给孩子新东西。"这正是我在此时此刻想传递给你们的信息。

那么，赶快行动起来吧，不管你的孩子今年有多大！前路漫漫，任重道远。也愿你健康、快乐。

致谢

谢谢你，让－克劳德· 维里格，如果没有你，这本书也许至今都难以成形。你慷慨地拿出时间、分享经验，让我得以带着自信，专心地撰写这本书，一周接着一周，从未停歇。你总能把话说到我心坎里，总是那般严格又亲切地陪伴在我身边。

谢谢你，雅克，你为这本书撰写的前言是给我的绝美礼物。我知道你有多忙，但你只是简简单单地对我说了句“好”，我知道你为写作所累却始终精益求精。

感谢所有信任我的家长们，感谢你们用自己的故事、快乐和痛苦成就这本书。是你们给了我信心，让我相信一个更好的、更具责任感和人文情怀的世界终会出现。你们的支持给予我无限喜悦和动力。接下来，在日常工作中，我们还会共度许许多多更美好更感人的时光，**只为能够成为“还说得过去的”家长！**

谢谢你，斯特法妮·里柯黛尔，作为这本书的责任编辑，你满怀激情地收下了我的书稿。也谢谢你，艾洛蒂·杜索，面对出版这个极其特殊的行业，我表现出了深深的恐惧与不解，感谢你对此的宽容与理解。

谢谢你，夏尔洛特，谢谢你欢快温情的线条和笔触。希望我们长久合作，硕果累累！

谢谢你，萨维耶，你一如既往的爱、智慧、慷慨和支持，成就了今天的我，成就了我所扮演的女人和母亲的角色。

感谢我的父母，如果没有你们，这一切都不可能实现。谢谢你，我的妈妈，谢谢你让我走上了“触底反弹”的自救之路；谢谢你，我的爸爸，谢谢你让我直面抛弃与孤独。

谢谢你，让，谢谢你的“低调”支持，谢谢你在计算机方面给予我的帮助，还有你用爱准备的餐食，你主动承担起那么多的日常琐事，只为减轻我的负担。还要谢谢你写满爱的双眼在当下给予我的力量。

如欲联系阿涅丝·杜德耶，请登录积极工作坊官网（WWW.LESATELIERSDUPOSITIF.FR）

参考书目

塔尔·班夏哈，《习得幸福》，Pocket 出版社，2011 年

托尼·巴赞、贝里·巴赞，《脑图：画出你的聪明才智》，Eyrolles 出版社，2012 年

杰克·坎菲尔、马克·维克托·汉森，《灵魂热巧克力：暖心励志的 80 篇故事》，J' ai lu 出版社，2014 年

安德烈·孔特－斯邦维耶，《资本主义是否道德？》，Albin Michel 出版社，2004 年

史蒂芬·柯维，《高效能人士的 7 个习惯》，First 出版社，2005 年

茨休·道森，《六岁看到老》，Robert Laffont 出版社，1972 年

维克多·弗兰克，《我们活着的理由：生命意义学派》，InterEditions–Dunod 出版社，2009 年

丹尼尔·戈尔曼，《情商》，Robert Laffon 出版社，1997 年

海姆·吉诺特，《父母与孩子之间》，Random House Digital 出版社，2009 年

蒂埃里·简森，《积极挑战》，Les liens qui liberent 出版社，2011 年

亚历山大·乔连安，《为人》，Seuil出版社，2002年

哈罗德·库什纳，《为生活找到意义的无尽欲望》，Astra出版社，1987年

《最后一封信：被枪杀的法国抵抗运动成员语录（1941—1944年）》，Magnard出版社，2011年

克里斯托弗·拉什、科尼利厄斯·卡斯托里亚迪斯，《自恋主义文化》，Climats出版社，2012年

雅克·勒孔特，《积极心理学入门》，Dunod出版社，2009年

索尼亚·柳博米尔斯基，《幸福有方法》，Marabout出版社，2013年

爱丽丝·米勒，《都是为你好》，Aubier出版社，1984年

卡尔·罗杰斯，《论人的成长》，Dunod出版社，1968年

马丁·塞利格曼，《持续的幸福》，Belfond出版社，2012年

鲍尔萨泽·托马斯，《跟着斯宾诺莎找幸福》，Eyrolles出版社，2013年

欧文·亚隆，《伊壁鸠鲁的花园：直面阳光》，Galaade出版社，2011年